D1750695

Dieses Buch gehört:

_____

Alles was Kinder wissen wollen

Band 1

gondolino

© für diese Ausgabe: gondolino in der Gondrom Verlag GmbH,
Bindlach 2004
Umschlaggestaltung: Dietmar Stammel

ISBN: 3-8112-2448-4

Alle Rechte vorbehalten:
Kein Teil dieses Werkes darf ohne Einwilligung des Verlages
in irgendeiner Form (Fotokopie, Mikrofilm oder ein anderes
Verfahren) reproduziert oder unter Verwendung elektronischer
Systeme verarbeitet, vervielfältigt oder verbreitet werden.

012

5 4 3 2 1

Der Umwelt zuliebe gedruckt auf chlorfrei gebleichten Papier.

Inhalt

Autos   7

Die Feuerwehr   45

Die Polizei   83

Die Ritter   120

Die Piraten   159

Die Indianer   197

Autos

Inhalt

Wie sah das erste Auto aus? 8
Wann bekamen Autos einen Benzinmotor? 10
Warum war das „Blechlieschen" so beliebt? 12
Um was ging es beim ersten Autorennen? 14
Was ist eine Limousine? 16
Wie funktioniert ein Motor? 18
Was ist ein Getriebe? 20
Was tut man mit der Kupplung? 22
Wie veränderte sich die Form der Autos? 24
Welches ist das erfolgreichste Auto? 26
Was ist ein Armaturenbrett? 28
Weshalb sind Kleinwagen so beliebt? 30
Warum ist Sicherheit so wichtig? 32
Welche Rekorde stellten Autos auf? 34
Wie schaden Autos unserer Umwelt? 36
Wie werden Autos künftig aussehen? 38
Wie sind Feuerwehrautos ausgerüstet? 40
Prüfe dein Wissen! 42
Register 44

Wie sah das erste Auto aus?

Im Jahr 1770 baute der Franzose Nicolas Joseph Cugnot das erste Auto. Das war noch ein ratterndes Holzgestell auf drei Rädern. Als Motor diente ihm eine Dampfmaschine. In einem großen Kessel wurde Wasser erhitzt. Der Dampf strömte durch eine Leitung und trieb eine Maschine an, die das Vorderrad bewegte.

Das Dampfmobil fuhr höchstens 15 Minuten lang, dann war das Wasser im Kessel verdampft.

Dampfleitung

Lenkung

Kupferkessel

lenkbares Vorderrad

hölzernes Fahrgestell

Was sind Autos?
Das Wort Auto ist eine Abkürzung für Automobil. Das stammt aus dem Griechischen und bedeutet „Selbstbeweger". Ein Auto ist also ein Fahrzeug, das eine eigene Antriebsmaschine hat. Bevor es Autos gab, mussten alle Fahrzeuge von Zugtieren gezogen werden.

Wie schnell war das Dampfauto?

Das Dampfauto von Cugnot legte in einer Stunde höchstens vier Kilometer zurück. Man sagt dazu, es fuhr vier Stundenkilometer (4 km/h). Das ist das Schritttempo eines Fußgängers. Das Dampfauto ließ sich nur schwer lenken und bremsen. Einmal ist es sogar gegen eine Mauer geprallt.

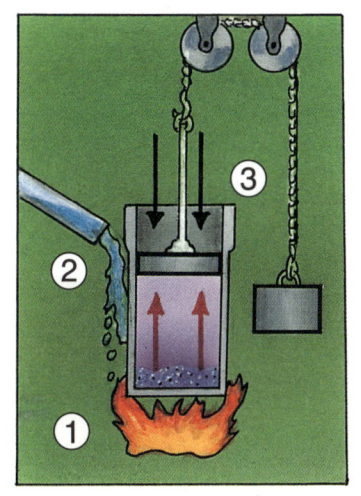

Prinzip des Dampfdrucks
(nach Papin, 1679)
3. Der Kolben geht nach unten, das Gewicht nach oben.
2. Der Dampf wird abgekühlt.
1. Dampf schiebt den Kolben nach oben.

Wie reiste man in einer Dampfkutsche?

50 Jahre nach der Erfindung des Dampfautos gab es in England bereits Dampfkutschen, in denen mehrere Personen befördert wurden. Die Dampfkutschen waren die Vorläufer der Omnibusse. Sie durften nicht schneller als 6,5 km/h fahren. Man befürchtete, der Dampfkessel könnte sonst explodieren. Ein Mann musste vor der Kutsche hergehen und mit einer roten Fahne oder Laterne die Fußgänger warnen.

Wann bekamen Autos einen Benzinmotor?

Es dauerte über 100 Jahre, bis aus den ersten Dampfmobilen richtige Autos mit Motoren wurden. Erfinder aus vielen Ländern haben daran gearbeitet. Die ersten Motorwagen sahen Kutschen noch sehr ähnlich. Die berühmtesten Autobauer waren damals die Deutschen Carl Benz und Gottlieb Daimler. Der „Velo" von Carl Benz war das erste Motorauto, das in größeren Stückzahlen gebaut wurde.

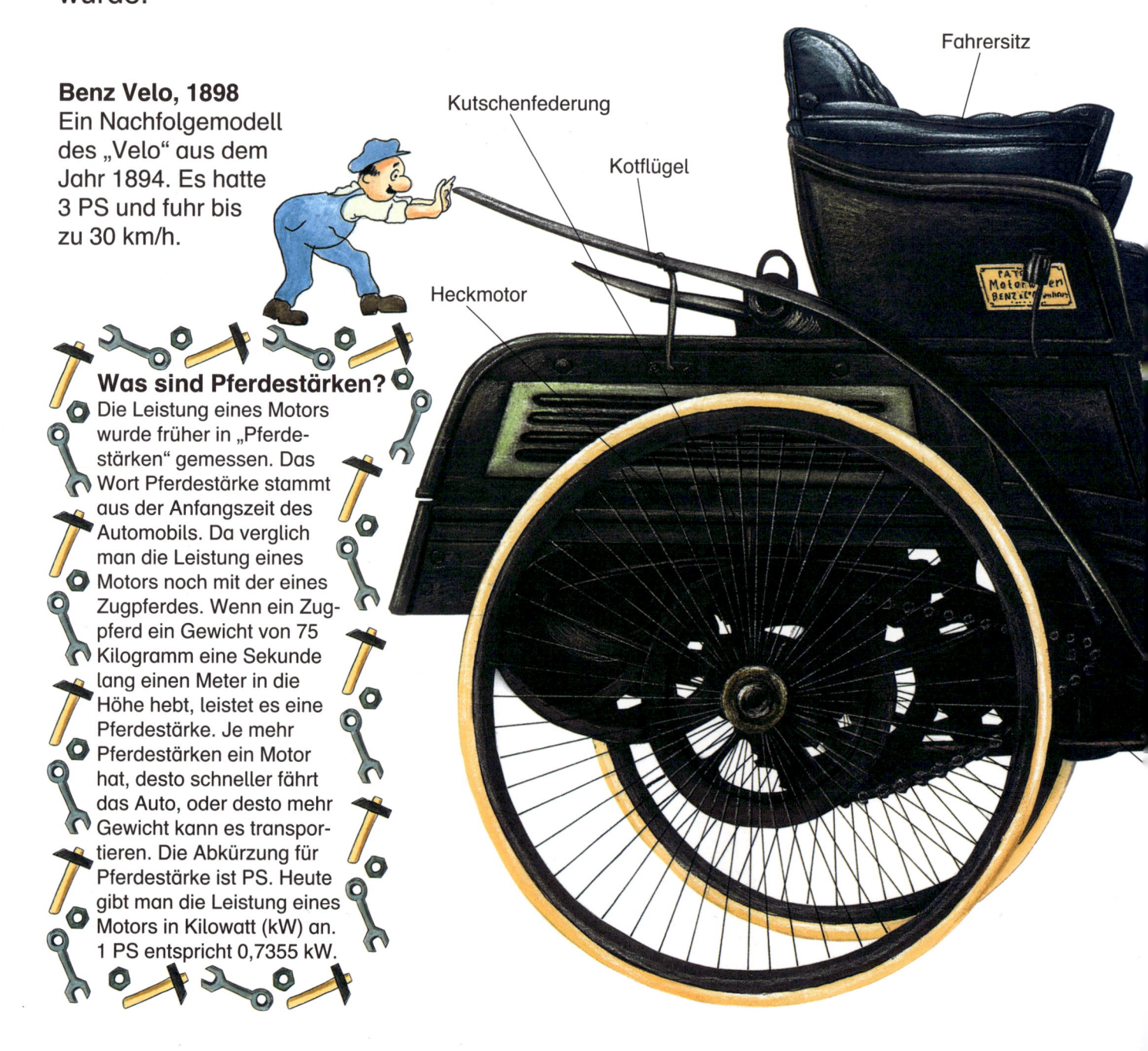

Benz Velo, 1898
Ein Nachfolgemodell des „Velo" aus dem Jahr 1894. Es hatte 3 PS und fuhr bis zu 30 km/h.

Kutschenfederung
Fahrersitz
Kotflügel
Heckmotor

Was sind Pferdestärken?
Die Leistung eines Motors wurde früher in „Pferdestärken" gemessen. Das Wort Pferdestärke stammt aus der Anfangszeit des Automobils. Da verglich man die Leistung eines Motors noch mit der eines Zugpferdes. Wenn ein Zugpferd ein Gewicht von 75 Kilogramm eine Sekunde lang einen Meter in die Höhe hebt, leistet es eine Pferdestärke. Je mehr Pferdestärken ein Motor hat, desto schneller fährt das Auto, oder desto mehr Gewicht kann es transportieren. Die Abkürzung für Pferdestärke ist PS. Heute gibt man die Leistung eines Motors in Kilowatt (kW) an. 1 PS entspricht 0,7355 kW.

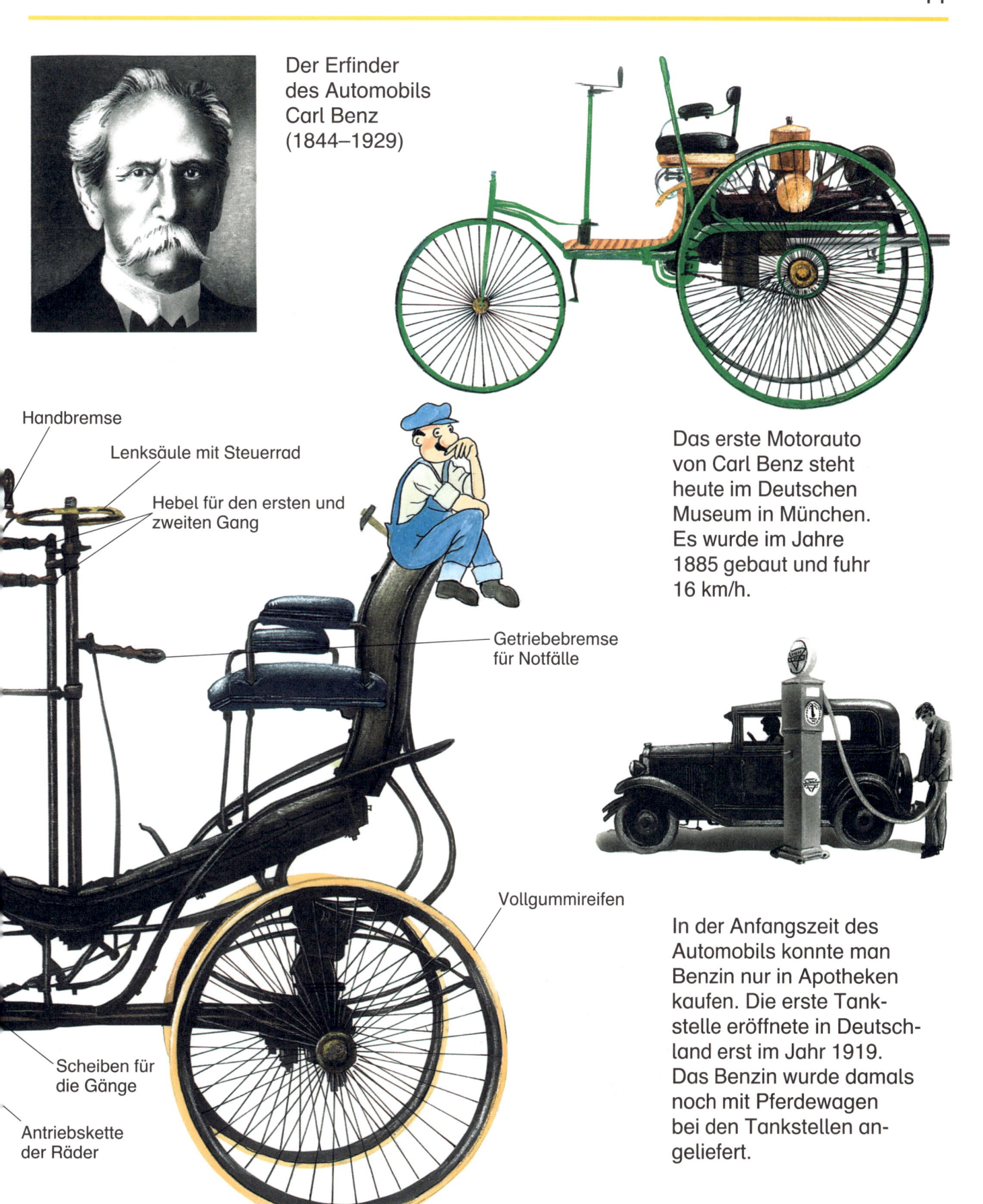

Der Erfinder
des Automobils
Carl Benz
(1844–1929)

Das erste Motorauto von Carl Benz steht heute im Deutschen Museum in München. Es wurde im Jahre 1885 gebaut und fuhr 16 km/h.

Handbremse
Lenksäule mit Steuerrad
Hebel für den ersten und zweiten Gang
Getriebebremse für Notfälle
Vollgummireifen
Scheiben für die Gänge
Antriebskette der Räder

In der Anfangszeit des Automobils konnte man Benzin nur in Apotheken kaufen. Die erste Tankstelle eröffnete in Deutschland erst im Jahr 1919. Das Benzin wurde damals noch mit Pferdewagen bei den Tankstellen angeliefert.

Warum war das „Blechlieschen" so beliebt?

Die Amerikaner nannten das Ford-Modell T liebevoll „Tin Lizzy" (Blechlieschen). Es wurde in den Jahren 1908 bis 1927 15 Millionen Mal verkauft. So viele Fahrzeuge konnten nur hergestellt werden, weil Henry Ford erstmals das Fließband einsetzte. Auf einem Fließband werden vorgefertigte Einzelteile nacheinander zusammengesetzt. Jeder Arbeiter macht nur ganz bestimmte Handgriffe. So wurden die Autos schneller gebaut und dadurch billiger.

Ford-Modell T (Seitenansicht)

Ford-Modell T von 1914

Erste Fließbandproduktion des Ford-Modells T. Es wurden mehr als 20 Millionen Stück hergestellt.

Wie stabil waren die Oldtimer?

Die stabilsten Autos kamen früher von Rolls-Royce aus England. Eines ihrer ersten Modelle war der Silver Ghost. Er wurde im Jahr 1907 gebaut und fuhr in 41 Jahren über eine Million Kilometer.

Silver Ghost

Welche Reifen wurden benutzt?

Die ersten Dampfautos hatten noch Holzräder mit Eisenringen. Dann benutzte man Vollgummireifen, weil sie nicht so leicht rutschen. Der Ire John Dunlop hat die mit Luft gefüllten Reifen für Fahrräder erfunden. Die Brüder Michelin haben diese Reifen dann für das Auto weiterentwickelt. Anfangs gab es noch sehr häufig Reifenpannen. Bei einem Autorennen im Jahre 1895 mussten die Brüder Michelin 22-mal die Schläuche wechseln.

heutiger Gürtelreifen

Holzrad mit Eisenreifen

Vollgummireifen

Luftreifen

Um was ging es beim ersten Autorennen?

Das erste Autorennen fand am 22. Juli 1894 in Frankreich statt. Die Strecke war 126 km lang und führte von Paris nach Rouen und zurück. Sieger sollte derjenige sein, der das Ziel ohne größere Pannen erreichte. Das war wichtiger als die Geschwindigkeit. Den Sieg teilten sich zwei französische Fahrzeuge, ein Panhard und ein Peugeot, die beide mit Daimler-Motoren ausgestattet waren. Zweiter wurde der Fahrer eines Dampfautos.

Ein amerikanischer Reporter begleitete das Autorennen – auf seinem Fahrrad. Die Durchschnittsgeschwindigkeit der beiden Sieger betrug 17,5 km/h.

Wie der Mercedes zu seinem Namen kam

Der Geschäftsmann und Rennfahrer Emil Jellinek bestellte bei der Automobilfirma Daimler 36 Rennfahrzeuge auf einmal. Das war ein riesiger Auftrag, denn im ganzen Jahr 1900 wurden bei Daimler nur 146 solche Autos gebaut. Herr Jellinek bezahlte sofort den Kaufpreis von 550 000 Goldmark. Aber er stellte eine Bedingung. Die Fahrzeuge sollten nach seiner ältesten Tochter benannt werden. Ihr Name war Mercedes. Der Mercedes wurde das erste erfolgreiche deutsche Rennauto.

Weshalb gab es bald viele Autorennen?

Die Rennen wurden von den Autoherstellern veranstaltet. Sie machten damit Reklame für ihre Autos und nutzten sie als Testfahrten. Man probierte neue Motoren, Reifen und andere Erfindungen aus. Erst wenn sie sich bei Rennen bewährt hatten, wurden sie serienmäßig in alle Autos übernommen. Und die Rennen wurden bald zu beliebten Wettkämpfen.

Ein Mercedes-Rennwagen von 1903. Er hatte 60 PS und fuhr schon fast 100 km/h schnell.

Gab es früher schon spezielle Rennautos?

Die ersten Rennen wurden in Alltagsautos gefahren. Aber schon bald starteten richtige Rennwagen, die nur für Autorennen gebaut worden waren. Sie hatten Fahrgestelle aus leichtem Holz und fuhren schon um 100 Kilometer in der Stunde. Die Rennautos wurden von besonders ausgebildeten Rennfahrern gefahren. Man nennt sie Renn-Profis.

Typ: Fiat S.B. 4
Baujahr: 1908
Kategorie: Rennwagen
Motor: 4-Zylinder
Hubraum: 18 146 ccm
Leistung: 175 PS

Was ist eine Limousine?

Die Limousine ist der beliebteste Wagentyp. Sie hat ein geschlossenes Dach, in das manchmal ein kleines Schiebedach eingebaut ist. Sie ist zweitürig oder viertürig und bietet Platz für mindestens vier Personen. Wie bei allen modernen Autos besteht ihre Karosserie aus vielen einzelnen Teilen.

Schiebedach

Windschutzscheibe

Stoßdämpfer

Motorhaube

Motor

Bodenwanne

Kardanwelle

Heckscheibenrahmen

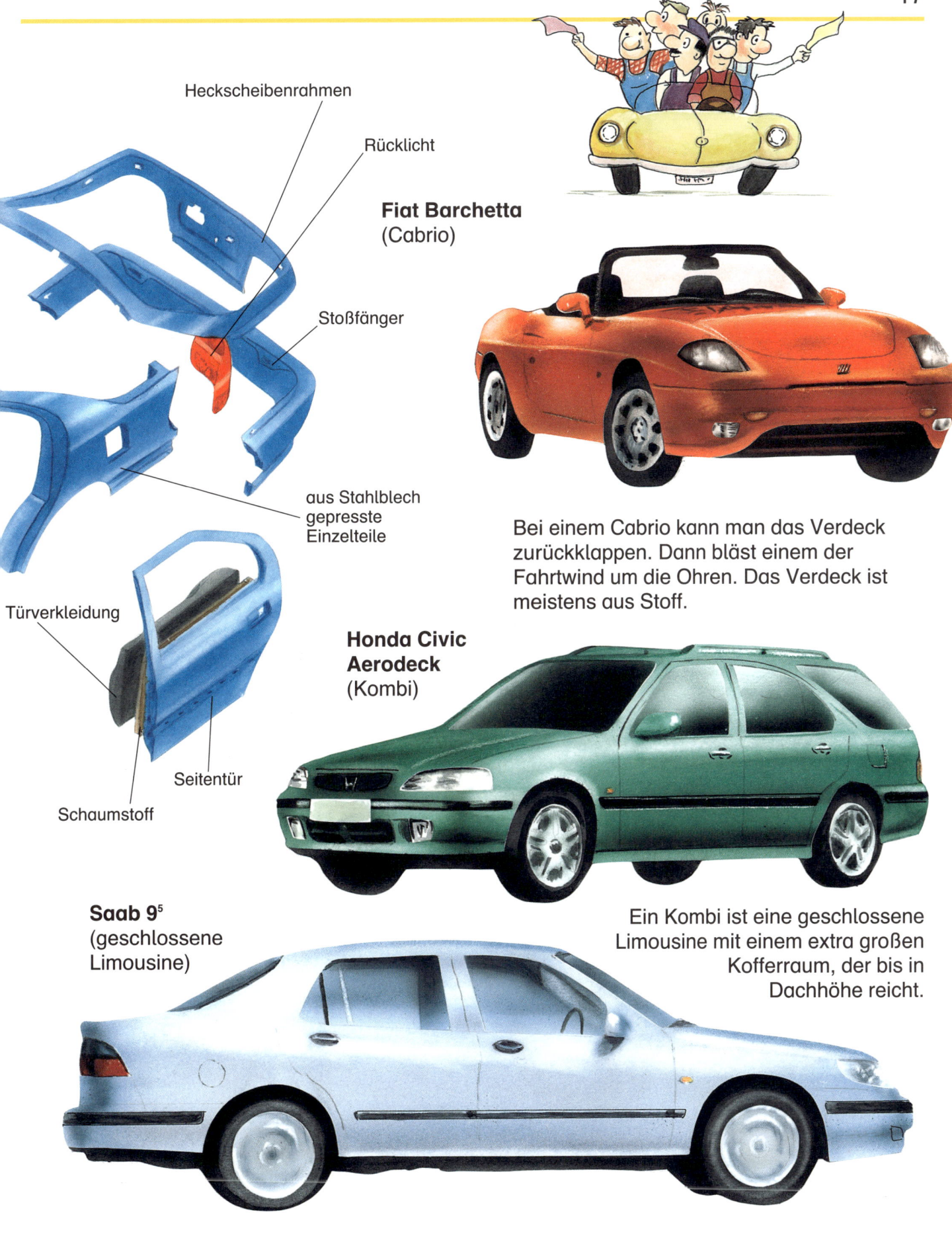

Rücklicht

Stoßfänger

aus Stahlblech gepresste Einzelteile

Fiat Barchetta
(Cabrio)

Bei einem Cabrio kann man das Verdeck zurückklappen. Dann bläst einem der Fahrtwind um die Ohren. Das Verdeck ist meistens aus Stoff.

Türverkleidung

Seitentür

Schaumstoff

Honda Civic Aerodeck
(Kombi)

Ein Kombi ist eine geschlossene Limousine mit einem extra großen Kofferraum, der bis in Dachhöhe reicht.

Saab 9^5
(geschlossene Limousine)

Wie funktioniert ein Motor?

Erst wird im Vergaser Benzin mit Luft gemischt. Dieses Gemisch gelangt in die Zylinder des Motors. Das sind dicke Eisenröhren, in denen ein Kolben hin- und hergleitet. Entzündet man im Inneren des Zylinders mit der Zündkerze das Gemisch, gibt es eine kleine Explosion. Das schiebt den Kolben an und bewegt ihn hin und her. Der Schub wird über die Kurbelwelle und die Antriebswelle auf die Räder übertragen, und das Auto fährt.

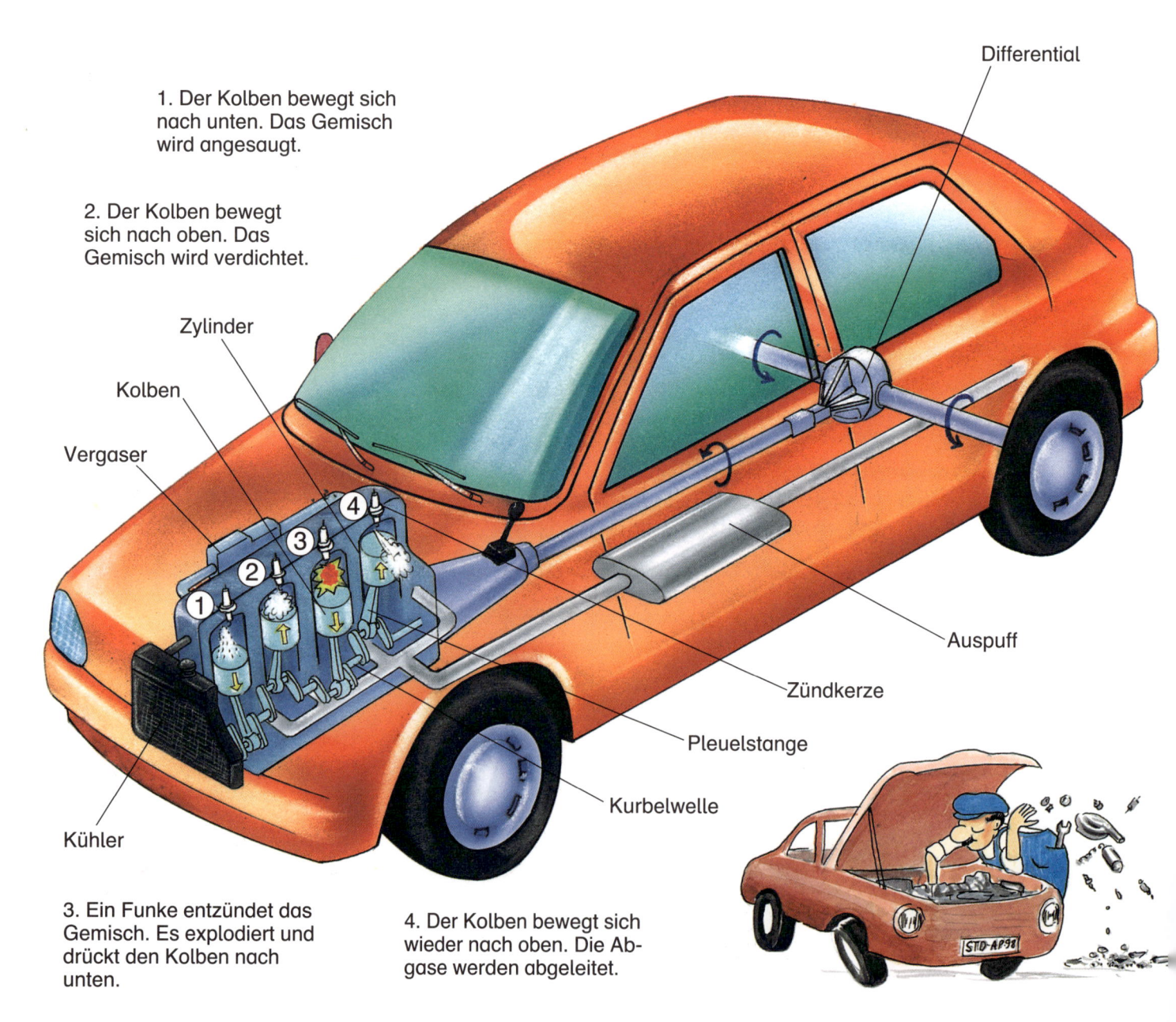

1. Der Kolben bewegt sich nach unten. Das Gemisch wird angesaugt.

2. Der Kolben bewegt sich nach oben. Das Gemisch wird verdichtet.

3. Ein Funke entzündet das Gemisch. Es explodiert und drückt den Kolben nach unten.

4. Der Kolben bewegt sich wieder nach oben. Die Abgase werden abgeleitet.

Differential
Zylinder
Kolben
Vergaser
Kühler
Auspuff
Zündkerze
Pleuelstange
Kurbelwelle

Was sieht man unter der Motorhaube?

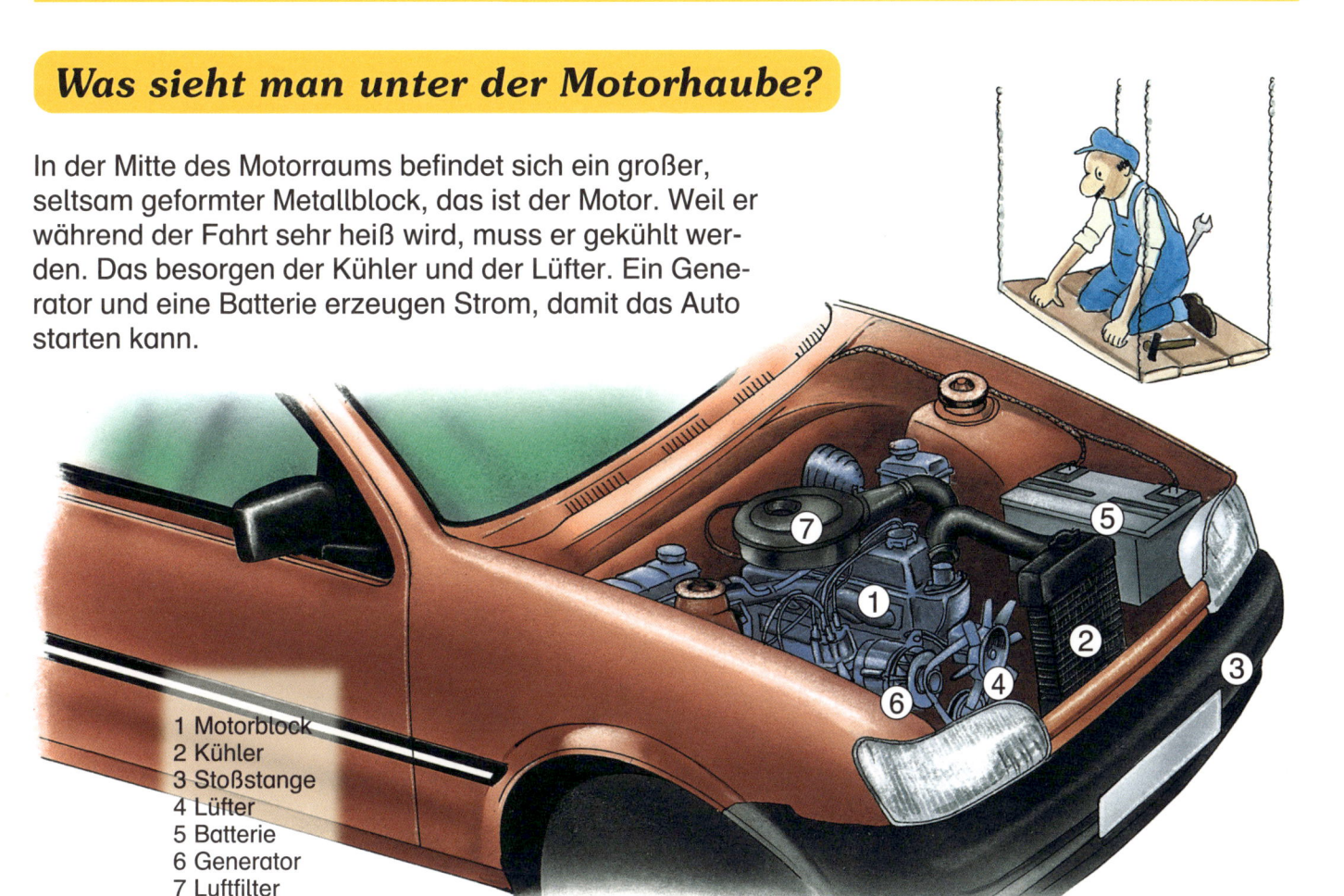

In der Mitte des Motorraums befindet sich ein großer, seltsam geformter Metallblock, das ist der Motor. Weil er während der Fahrt sehr heiß wird, muss er gekühlt werden. Das besorgen der Kühler und der Lüfter. Ein Generator und eine Batterie erzeugen Strom, damit das Auto starten kann.

1 Motorblock
2 Kühler
3 Stoßstange
4 Lüfter
5 Batterie
6 Generator
7 Luftfilter

Wo sitzt der Motor?

Der Motor eines Autos kann vorn oder hinten eingebaut sein. Beim Hinterradantrieb ist jedoch das Fahrverhalten bei glatter Straße und in Kurven nicht optimal. Heute besitzen fast alle Autos einen Frontmotor mit Frontantrieb.

Hinterradantrieb
Der Motor ist vorn und treibt die Hinterräder an.

Frontantrieb
Der Motor ist vorn und treibt die Vorderräder an.

Hinterradantrieb
Der Motor ist hinten und treibt die Hinterräder an.

Was ist ein Getriebe?

Das Getriebe besteht aus unterschiedlich großen Zahnrädern, die man verstellen kann. Damit regelt man, ob man schnell oder langsam fahren will. Das geht stufenweise in Gängen vor sich. Der erste Gang ist der langsamste. Das Autogetriebe lässt sich auch in den Rückwärtsgang schalten. Es wird mit dem Schalthebel bedient. Das Getriebe selbst ist zwischen der Antriebswelle, die vom Motor herkommt, und der Kardanwelle. Die Kardanwelle treibt eine Radachse und damit die Räder an.

Schalthebel

Hinterachse
Lenkrad
Motor
Luftfilter
Batterie
Auspuff
Kardanwelle
Schalthebel
Kühler
Kolben
Getriebe
Kurbelwelle

Warum sind Zahnräder im Getriebe?

Wenn ein großes Zahnrad ein kleines antreibt, muss sich das kleine schneller drehen als das große. Und wenn ein kleines Zahnrad ein großes antreibt, braucht sich das große nur langsam zu drehen. So lässt sich mit zwei unterschiedlichen Zahnrädern eine Drehgeschwindigkeit erhöhen oder verringern. Genau das passiert im Getriebe eines Autos.

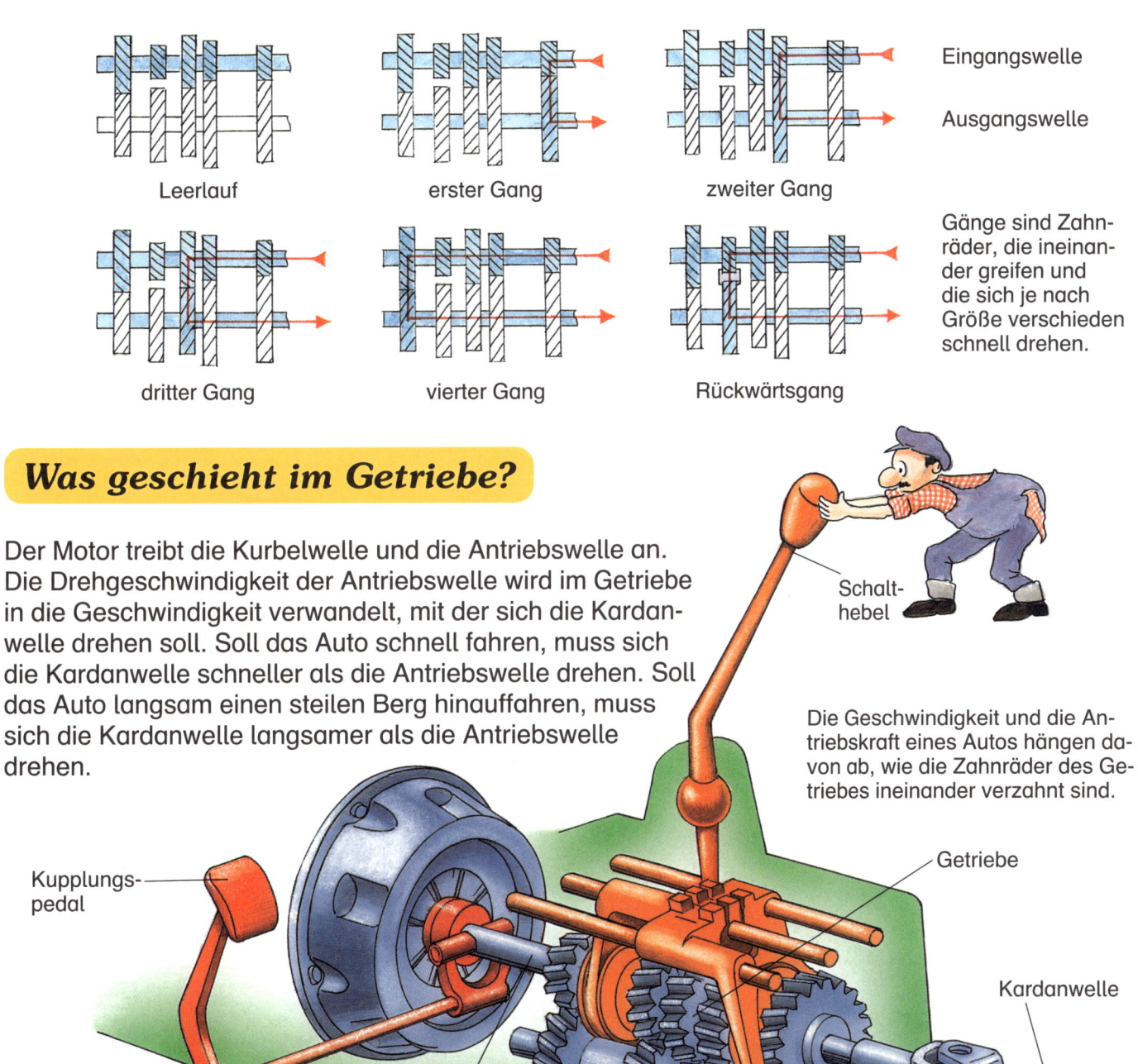

Leerlauf · erster Gang · zweiter Gang

Eingangswelle
Ausgangswelle

dritter Gang · vierter Gang · Rückwärtsgang

Gänge sind Zahnräder, die ineinander greifen und die sich je nach Größe verschieden schnell drehen.

Was geschieht im Getriebe?

Der Motor treibt die Kurbelwelle und die Antriebswelle an. Die Drehgeschwindigkeit der Antriebswelle wird im Getriebe in die Geschwindigkeit verwandelt, mit der sich die Kardanwelle drehen soll. Soll das Auto schnell fahren, muss sich die Kardanwelle schneller als die Antriebswelle drehen. Soll das Auto langsam einen steilen Berg hinauffahren, muss sich die Kardanwelle langsamer als die Antriebswelle drehen.

Schalthebel

Die Geschwindigkeit und die Antriebskraft eines Autos hängen davon ab, wie die Zahnräder des Getriebes ineinander verzahnt sind.

Getriebe

Kupplungspedal

Kardanwelle

Antriebswelle

Was tut man mit der Kupplung?

Tritt der Fahrer auf das Kupplungspedal, wird die Verbindung zwischen Motor und Rädern unterbrochen. Dann werden die Räder nicht angetrieben, obwohl der Motor läuft. Lässt der Fahrer das Kupplungspedal hingegen los, stellt die Kupplung die Verbindung zwischen Motor und Rädern her. Die Räder drehen sich dann mit der Kraft des Motors. Immer wenn der Fahrer anfährt oder in einen anderen Gang schaltet, muss er das Kupplungspedal betätigen.

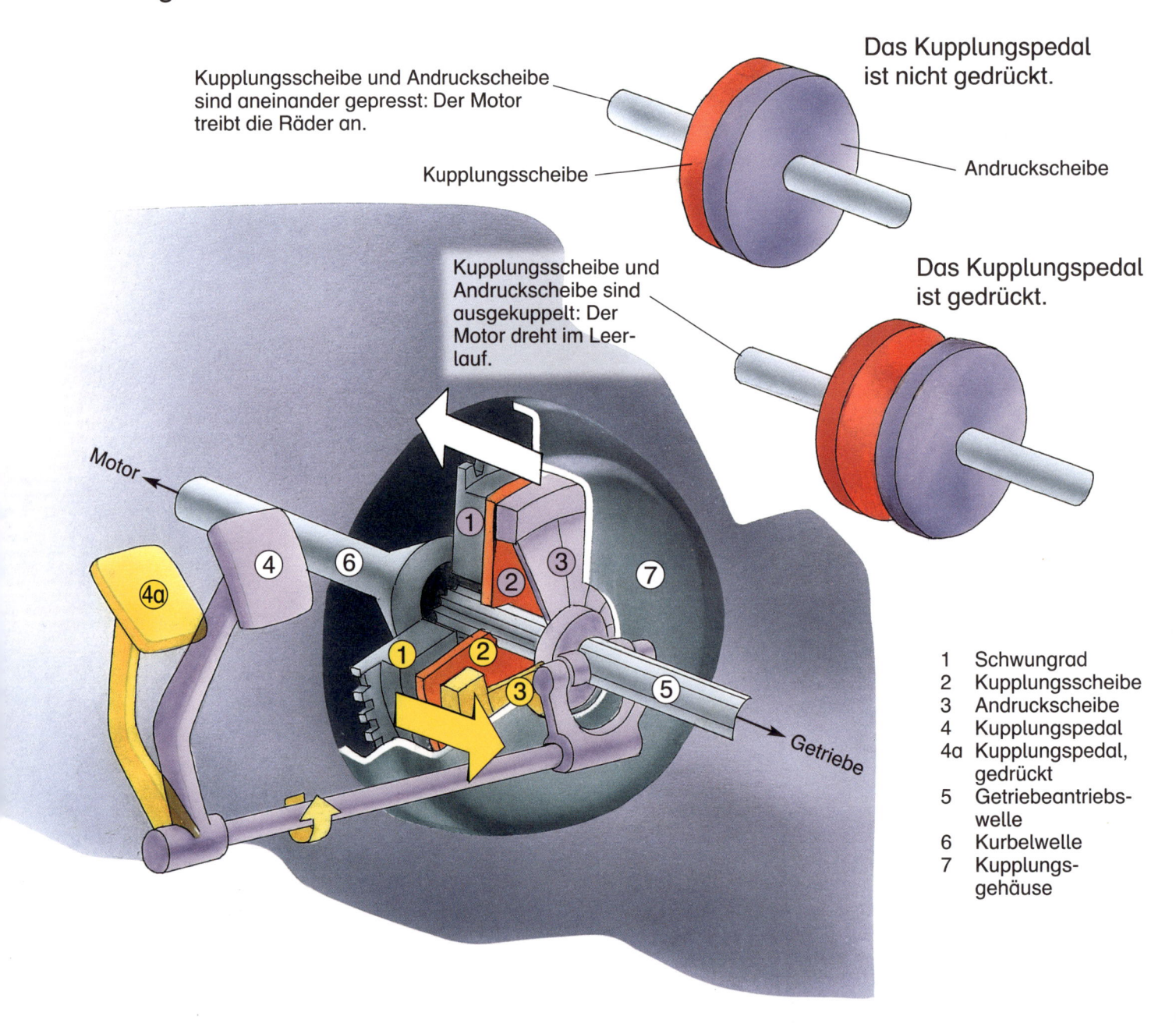

Kupplungsscheibe und Andruckscheibe sind aneinander gepresst: Der Motor treibt die Räder an.

Kupplungsscheibe

Andruckscheibe

Das Kupplungspedal ist nicht gedrückt.

Kupplungsscheibe und Andruckscheibe sind ausgekuppelt: Der Motor dreht im Leerlauf.

Das Kupplungspedal ist gedrückt.

1 Schwungrad
2 Kupplungsscheibe
3 Andruckscheibe
4 Kupplungspedal
4a Kupplungspedal, gedrückt
5 Getriebeantriebswelle
6 Kurbelwelle
7 Kupplungsgehäuse

Was sind Scheibenbremsen?

Eine Scheibenbremse funktioniert fast so wie eine Backenbremse beim Fahrrad. Wenn man bremst, pressen sich zwei Bremsklötze gegen das Rad und bringen es zum Stehen. Beim Auto drücken die Bremsklötze jedoch nicht direkt gegen das Rad, sondern gegen eine Stahlscheibe, die sich in der Mitte des Rades befindet. Scheibe und Rad sind fest miteinander verbunden.

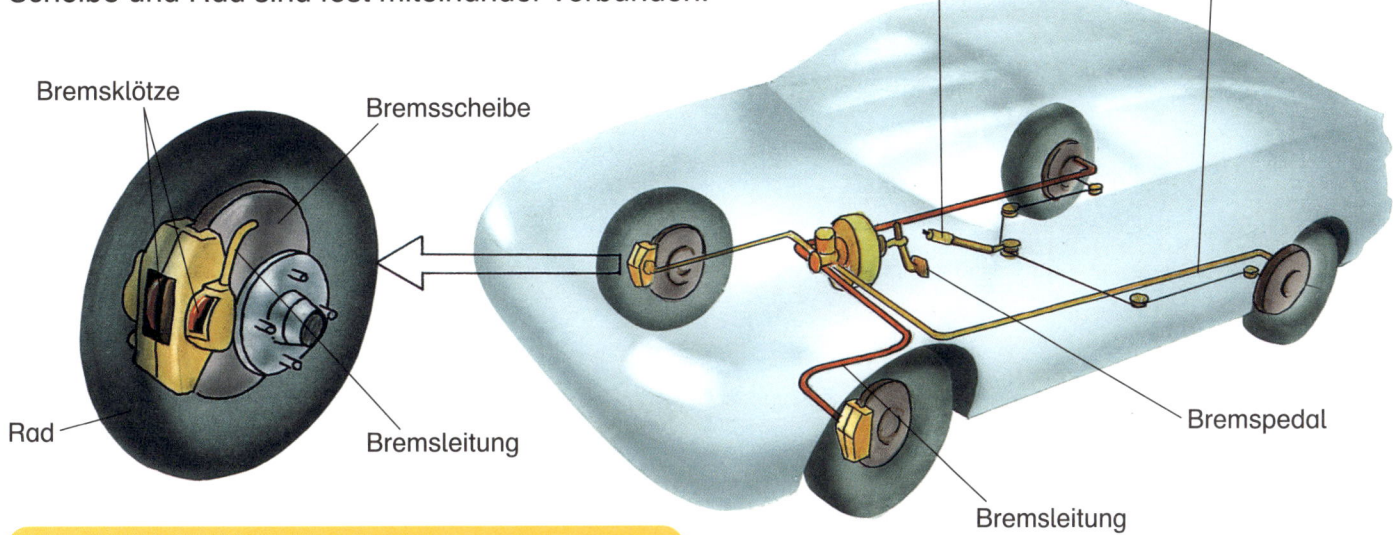

Wozu dient die Handbremse?

Wenn ein Autofahrer bremsen will, tritt er auf das Bremspedal. Doch was macht er, wenn es einmal klemmt? Dann hat er noch die Handbremse. Sie wird mit einem Hebel betätigt. Auch wenn man auf einer steilen Bergstraße anhält, zieht man die Handbremse, damit das Auto nicht wegrollt.

Die Handbremse ist zwischen den Vordersitzen.

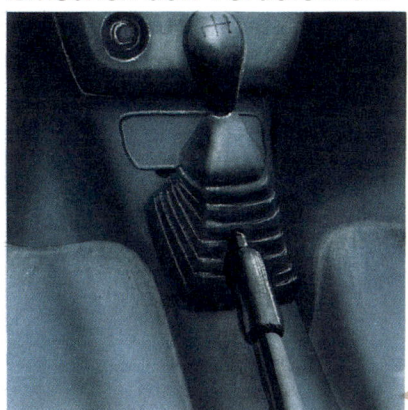

Wie veränderte sich die Form der Autos?

Die Autos wurden mit der Zeit niedriger gebaut, und ihre Formen wurden runder. Dadurch verringerte sich der Luftwiderstand. Das machte die Autos schneller, und sie verbrauchten weniger Kraftstoff. Sie waren auch sicherer, weil sie bei Seitenwind nicht mehr so schwankten. Das Fachwort für die neue Autoform ist „stromlinienförmig". Die meisten PKWs von heute sind so gebaut.

Mercedes
Versuchsmodell von 1938

Heckflossen
runde Formen

Die ersten stromlinienförmigen Autos gefielen den Käufern nicht. Es dauerte einige Zeit, bis sich die neue Form durchsetzte.

Lancia Aprilia
Baujahr 1939

schräge Windschutzscheibe und schräger Kühler

Was ist Luftwiderstand?

Luft kann man nicht sehen. Trotzdem ist sie überall vorhanden. Wenn ein Auto fährt, muss es die Luft beiseite schieben. Man sagt, es muss die Luft verdrängen. Dazu ist Kraft nötig. Denn die Luft setzt dem fahrenden Auto einen Widerstand entgegen. Das ist der Luftwiderstand. Je schneller ein Auto fährt, desto höher ist er.

Im Windkanal wird der Luftwiderstand eines Autos gemessen. Dabei bläst man feine Rauchschwaden über das Auto. Wo diese Luftwirbel bilden, ist der Luftwiderstand zu stark.

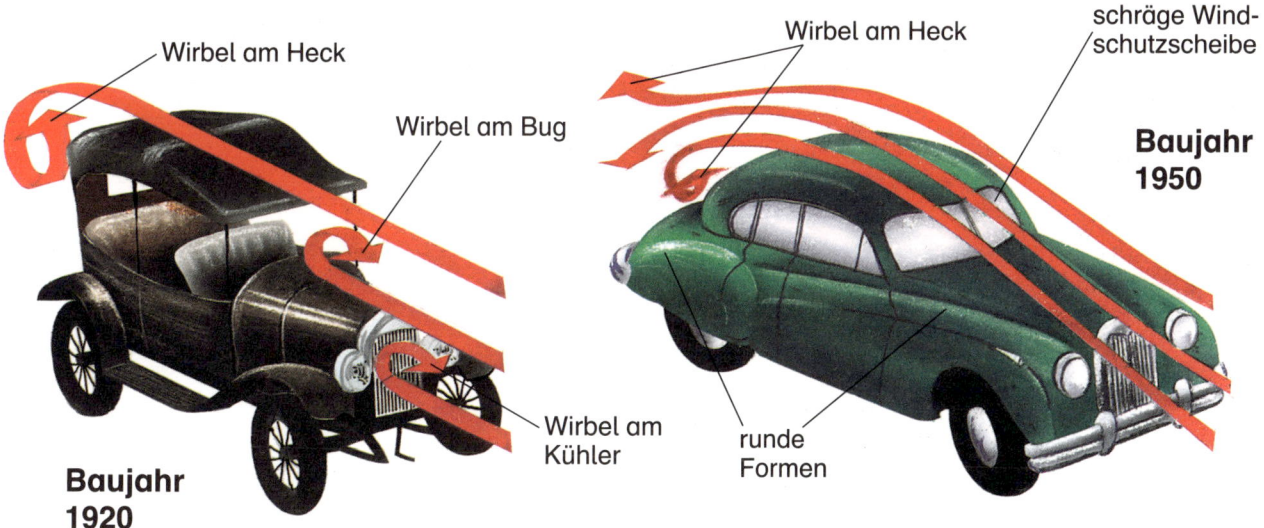

Wirbel am Heck
Wirbel am Bug
Wirbel am Kühler

Baujahr 1920

Wirbel am Heck
schräge Windschutzscheibe
runde Formen

Baujahr 1950

keine Wirbelbildung, gute Stromlinienform

Moderne Karosserie

So wird ein Auto stromlinienförmig:

- Hohe viereckige Aufbauten werden verkleinert.
- Die Windschutzscheibe wird abgeschrägt.
- Das Vorderteil (Bug) und das Rückteil (Heck) werden abgerundet.

Welches ist das erfolgreichste Auto?

Ferdinand Porsche entwickelte in Deutschland einen stabilen und preisgünstigen Wagen für jedermann. Dieser „Volkswagen" hatte die runde Form eines Käfers. Damit stand sein Modellname fest: VW Käfer. Er wurde das meistverkaufte Auto der Welt. Seit 1945 verließen über 20 Millionen VW Käfer das Volkswagenwerk in Wolfsburg. Heute wird der VW Käfer nur noch in Mexiko gebaut.

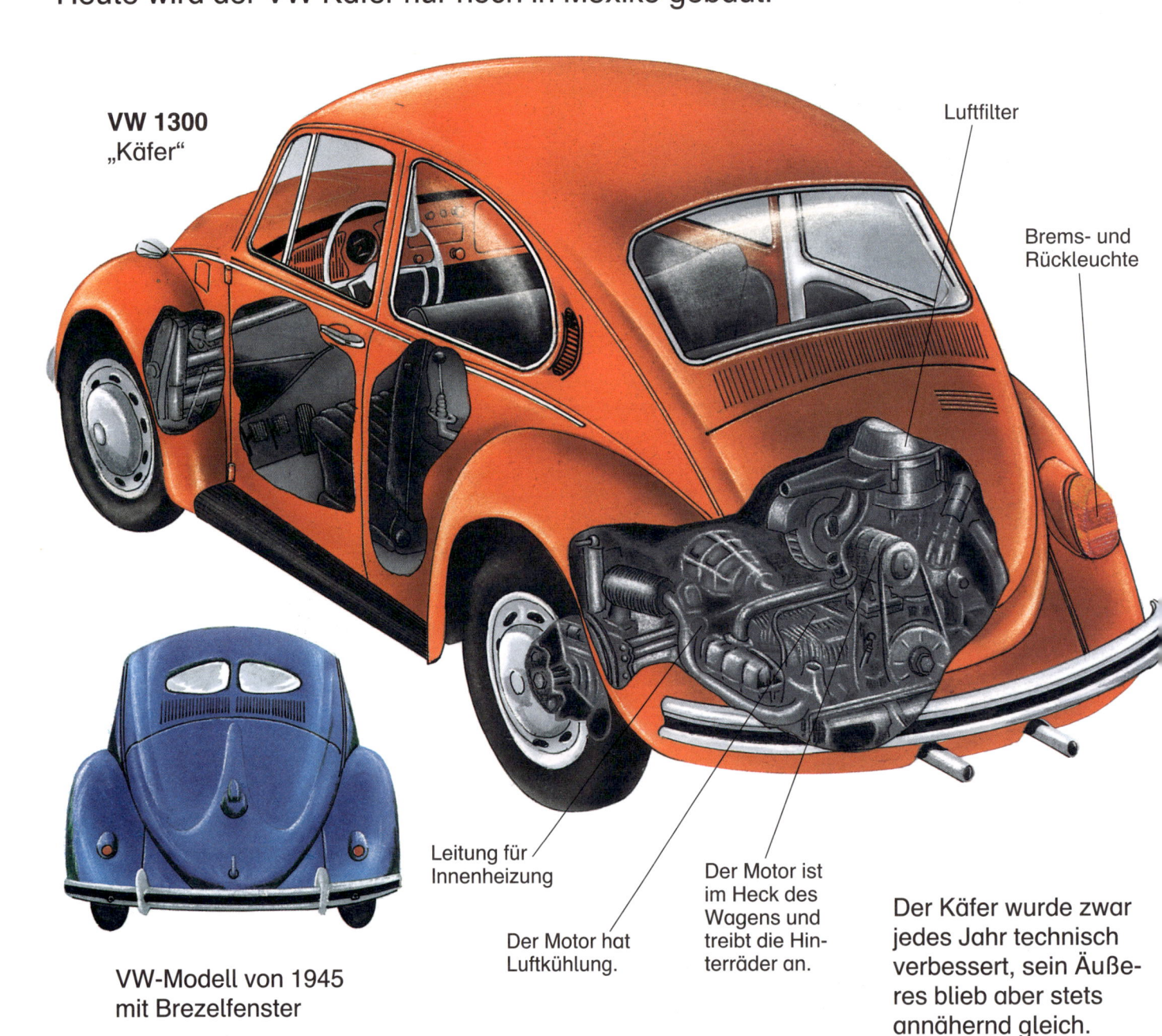

VW 1300 „Käfer"

Luftfilter

Brems- und Rückleuchte

VW-Modell von 1945 mit Brezelfenster

Leitung für Innenheizung

Der Motor hat Luftkühlung.

Der Motor ist im Heck des Wagens und treibt die Hinterräder an.

Der Käfer wurde zwar jedes Jahr technisch verbessert, sein Äußeres blieb aber stets annähernd gleich.

Golf

Polo

Passat

Nachfolger des VW Käfers sind die Modelle Polo, Golf und Passat.

Wie heißt der französische Volkswagen?

Der französische Volkswagen ist der 2 CV. Wegen seiner Form wird er im Volksmund „Ente" genannt. Er stammt von der Firma Citroën. Der Motor des 2 CV liegt vor der Vorderachse und ist luftgekühlt. Der französische Volkswagen war zeitweise so beliebt, dass man sechs Jahre auf seine Auslieferung warten musste.

Motorhaube

Rollverdeck

Rückspiegel

Scheinwerfer

Ersatzrad

Kofferraum

Citroën 2 CV
„Ente"

Was ist ein Armaturenbrett?

Das Armaturenbrett ist eine Anzeigetafel im Innenraum des Autos. Es ist im Blickfeld des Fahrers angebracht. Auf ihm ist der Tachometer zu sehen. Er zeigt an, wie schnell das Auto fährt. Der Kilometerzähler gibt an, wie viele Kilometer das Auto bereits zurückgelegt hat. Der Drehzahlmesser zeigt, wie viele Umdrehungen die Kurbelwelle des Motors in einer Minute macht. Auch die Tankfüllung, den Ölstand und anderes kann man ablesen.

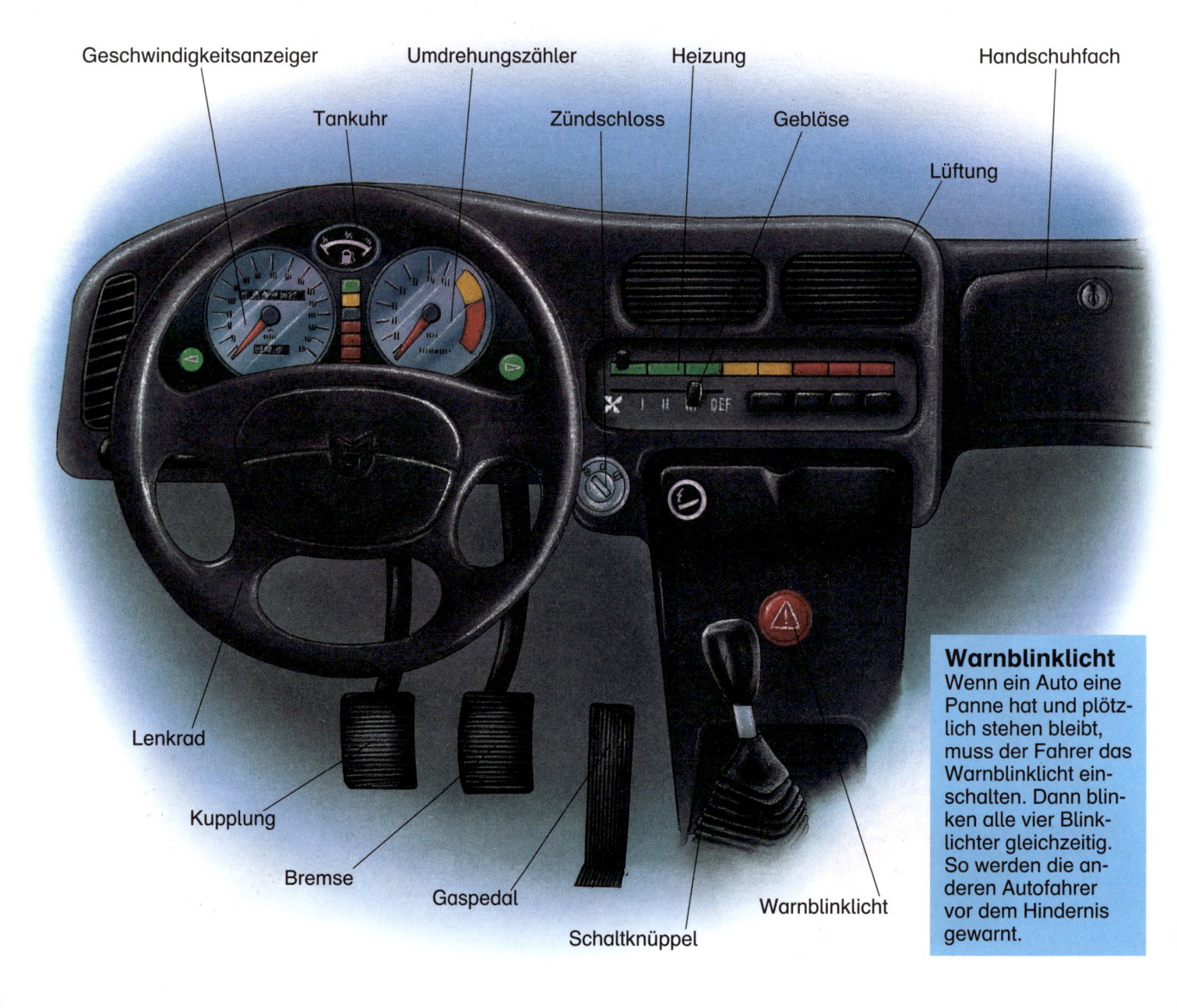

Geschwindigkeitsanzeiger · Umdrehungszähler · Heizung · Handschuhfach
Tankuhr · Zündschloss · Gebläse · Lüftung
Lenkrad · Kupplung · Bremse · Gaspedal · Schaltknüppel · Warnblinklicht

Warnblinklicht
Wenn ein Auto eine Panne hat und plötzlich stehen bleibt, muss der Fahrer das Warnblinklicht einschalten. Dann blinken alle vier Blinklichter gleichzeitig. So werden die anderen Autofahrer vor dem Hindernis gewarnt.

Wozu braucht man einen Blinker?

Der Blinker ist ein kleiner Hebel am Lenkrad. Mit seiner Hilfe kann man links oder rechts am Auto zwei rote Blinklichter aufleuchten lassen. Das zeigt einem nachfolgenden Autofahrer, ob man links oder rechts in eine Seitenstraße einbiegen will. Das ist sehr wichtig, weil der nachfolgende Fahrer rechtzeitig bremsen können muss.

Der rechte Blinker wurde gesetzt: rechts abbiegen.

Wozu dient das Zündschloss?

Jedes Auto hat am Lenkrad ein Zündschloss. Nur mit dem passenden Schlüssel kann man es aufschließen. Ohne diesen Schlüssel lässt sich das Auto weder starten noch lenken.

Elektrische Anlage des Autos

- Zündverteiler
- Zündkerzen
- Hupe
- Lichtmaschine
- Scheinwerfer
- Sicherungsdose
- Deckenleuchte
- Brems- und Schlussleuchte
- Kennzeichenbeleuchtung

Das Zündschloss

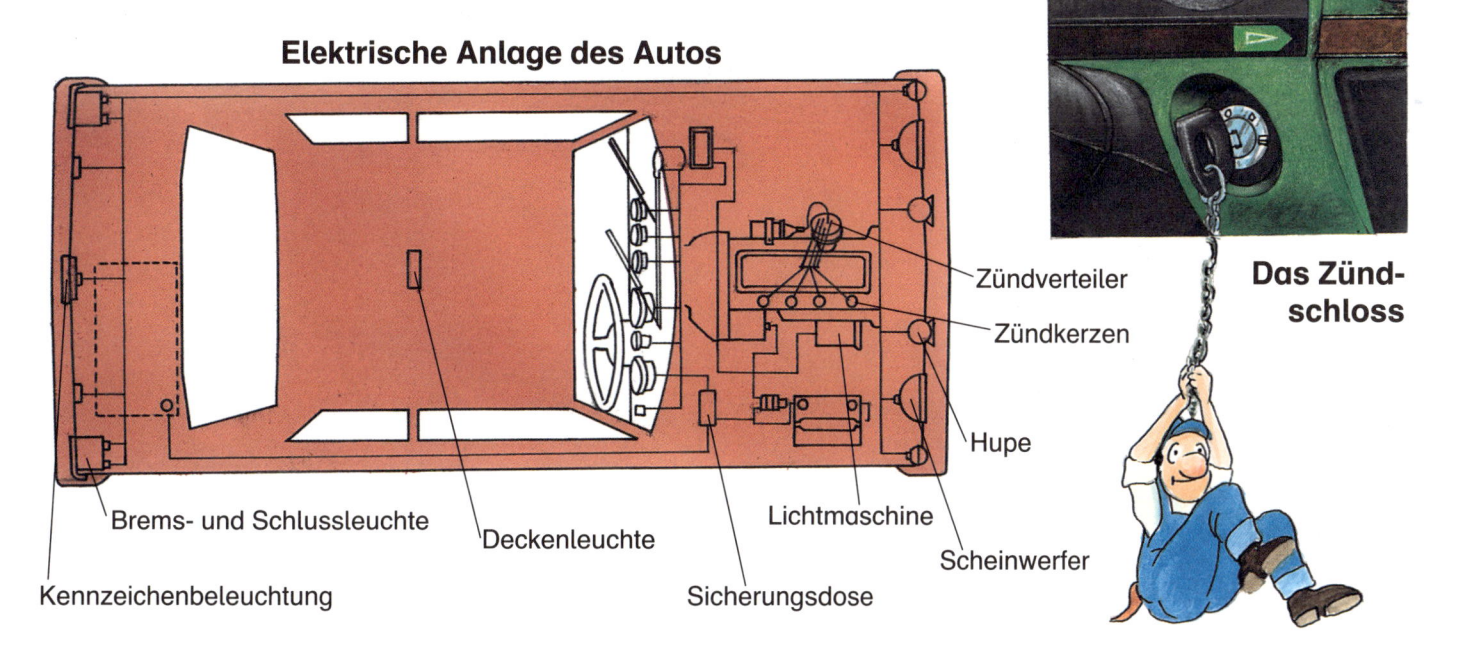

Weshalb sind Kleinwagen so beliebt?

Weil immer mehr Menschen Autos kauften, wurde der Verkehr in den Städten immer dichter. Kleine Autos wurden immer beliebter, weil man damit leichter einen Parkplatz findet. Sie verbrauchen auch weniger Benzin als große Autos und belasten die Umwelt weniger. Außerdem sind Kleinwagen billiger als große Autos. Wer nicht viel Geld für ein Auto ausgeben möchte, kauft sich deshalb einen Kleinwagen.

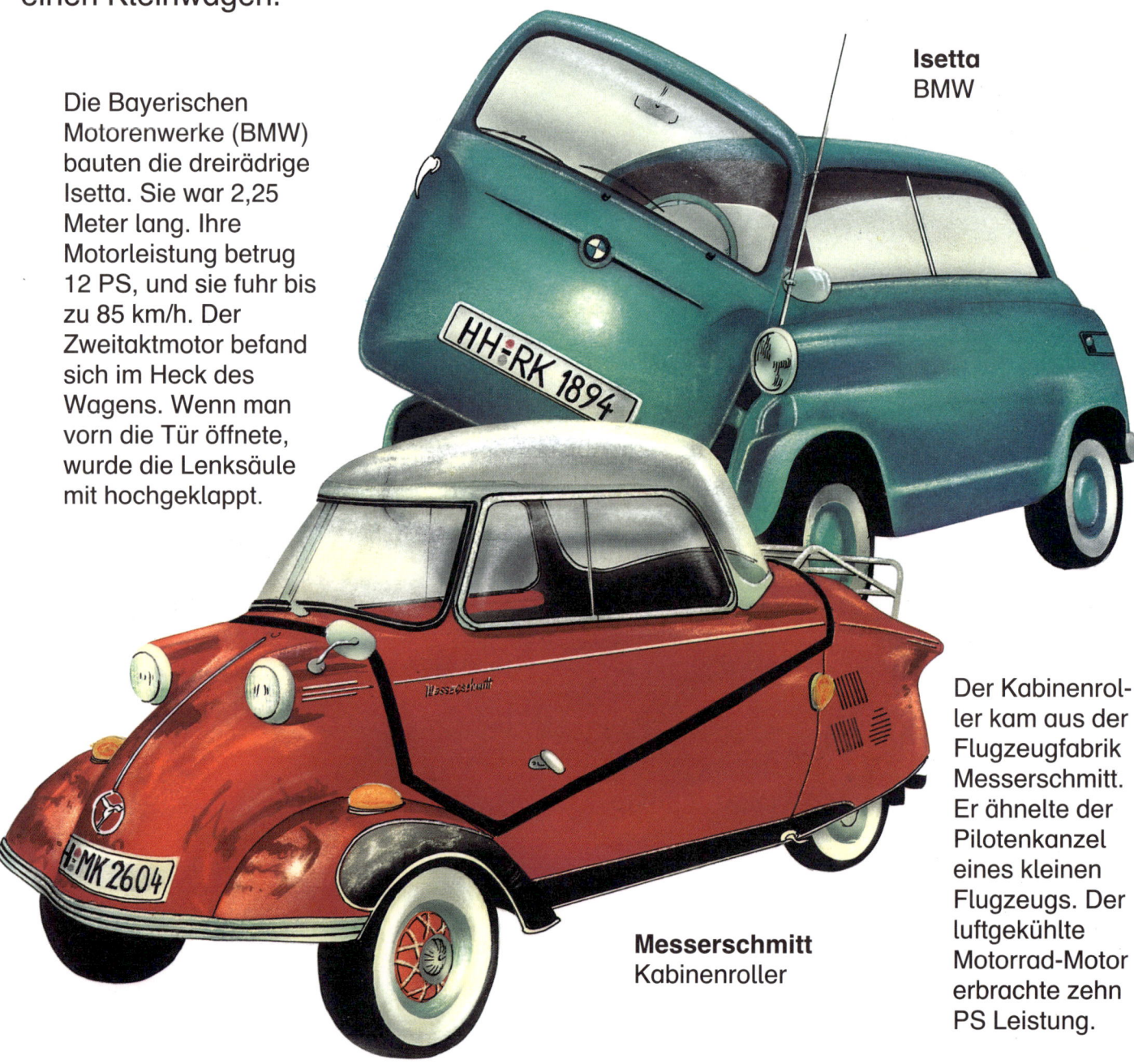

Die Bayerischen Motorenwerke (BMW) bauten die dreirädrige Isetta. Sie war 2,25 Meter lang. Ihre Motorleistung betrug 12 PS, und sie fuhr bis zu 85 km/h. Der Zweitaktmotor befand sich im Heck des Wagens. Wenn man vorn die Tür öffnete, wurde die Lenksäule mit hochgeklappt.

Isetta
BMW

Messerschmitt
Kabinenroller

Der Kabinenroller kam aus der Flugzeugfabrik Messerschmitt. Er ähnelte der Pilotenkanzel eines kleinen Flugzeugs. Der luftgekühlte Motorrad-Motor erbrachte zehn PS Leistung.

Was war so sensationell am Mini?

Der englische Mini war das erste Auto, das äußerlich klein und trotzdem innen geräumig war. Sein Geburtsjahr war 1959. Er ist das Vorbild für alle modernen Kleinwagen. Noch heute wird der Mini verkauft. Allerdings wird jetzt auf die Sicherheit des Fahrers mehr Wert gelegt als früher. Deshalb ist der Mini vorn mit Kopfstützen, Seitenaufprallschutz in den Türen, Automatikgurten und einem Fahrer-Airbag ausgestattet.

So wird beim Mini Platz gespart:

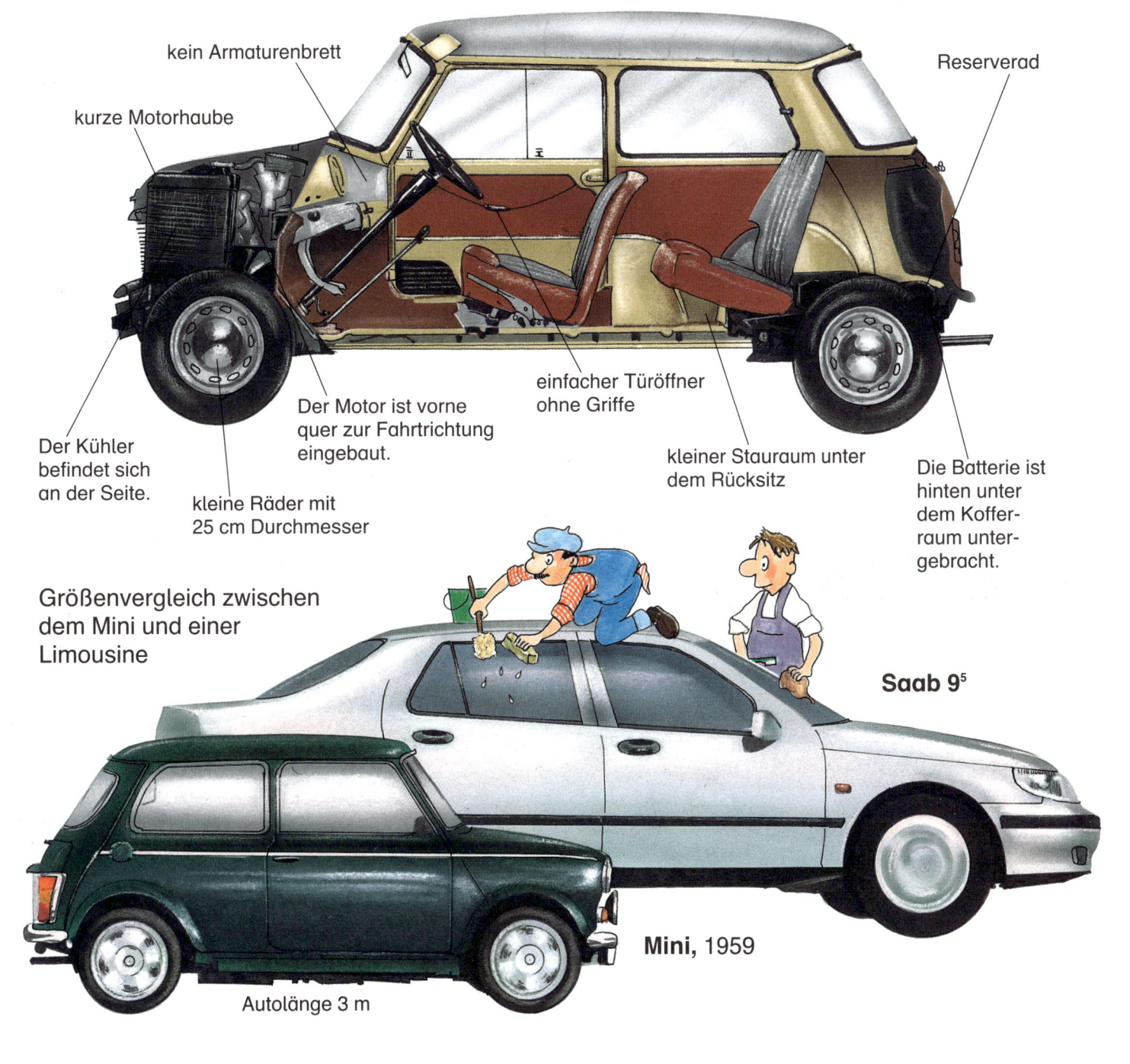

kein Armaturenbrett

kurze Motorhaube

Reserverad

Der Kühler befindet sich an der Seite.

Der Motor ist vorne quer zur Fahrtrichtung eingebaut.

kleine Räder mit 25 cm Durchmesser

einfacher Türöffner ohne Griffe

kleiner Stauraum unter dem Rücksitz

Die Batterie ist hinten unter dem Kofferraum untergebracht.

Größenvergleich zwischen dem Mini und einer Limousine

Saab 9[5]

Mini, 1959

Autolänge 3 m

Warum ist Sicherheit so wichtig?

Jedes Jahr verunglücken in Deutschland fast 9 000 Menschen im Straßenverkehr tödlich. Deshalb bauen die Automobilhersteller die Autos so sicher wie möglich. Die Einbauten, die der Sicherheit dienen, haben schon vielen Menschen das Leben gerettet. Ohne solche Einbauten gäbe es noch viel mehr Verkehrsopfer. Trotzdem kann auch das sicherste Auto in einen Unfall verwickelt werden, wenn der Fahrer leichtsinnig ist.

Das sorgt für mehr Sicherheit im Auto:

Auffallende Lackierungen
Rot oder Gelb sind in der Dämmerung leichter zu erkennen.

Kindersitze
Kindersitze mit Gurten geben Kindern auf der Rückbank einen sicheren Halt.

Kopfstützen
Sie bewahren Kopf und Genick bei Auffahrunfällen vor Verletzungen (Schleudertrauma).

Verstrebungen in den Türen bieten zusätzlichen Schutz bei einem Aufprall von der Seite.

Sicherheitslenksäule
Sie schiebt sich bei einem Aufprall zusammen. Eine starre Lenksäule würde gegen die Brust des Fahrers schlagen.

Sicherheitsglas
Es splittert nicht, sondern zerspringt in viele stumpfkantige Stücke oder reißt einfach nur.

Seitenaufprallschutz
Verstärkte Rahmen schützen die Insassen bei einem Stoß von der Seite.

Knautschzonen
Sie befinden sich vorne und hinten am Auto und dämpfen die Wucht eines Aufpralls.

Sicherheitsgurte
Sie verhindern, dass die Autoinsassen bei einem Unfall gegen die Scheiben geschleudert werden.

Airbag
Das ist ein schützendes Luftkissen vor dem Sitz, das sich bei einem Unfall blitzschnell aufbläst.

Antiblockiersystem (ABS)
Es sorgt dafür, dass das Auto bei einer Vollbremsung nicht ins Rutschen kommt.

Welche Rekorde stellten Autos auf?

Die meisten Autos dienen uns als Transportmittel. Es wurden aber auch immer wieder Autos für ganz ausgefallene Zwecke gebaut. Man wollte mit ihnen Rekorde erzielen, auch in der Luft oder im Wasser vorwärts kommen oder sogar den Mond erkunden.

Flugmobil
Das Flugauto konnte fahren und fliegen. Es wurde für einen Film gebaut.

Mondauto
Das sind die teuersten Autos der Welt. Es gibt ferngesteuerte und bemannte Mondfahrzeuge. Angetrieben werden sie von Elektromotoren.

Raketenauto
Auf einem ausgetrockneten Salzsee in Nordamerika fuhr „The Blue Flame" (Die blaue Flamme) 1 014 Stundenkilometer schnell. So schnell fliegen sonst nur Düsenflugzeuge.

Name des Fahrers

Schneller als die Blue Flame waren später die Raketenautos „Rocket" (1 190 km/h) und „Maverick" (1 600 km/h). Das waren die schnellsten Fahrzeuge, die je gefahren sind.

Die Blue Flame raste auf drei Rädern dahin.

Formel-1-Rennwagen

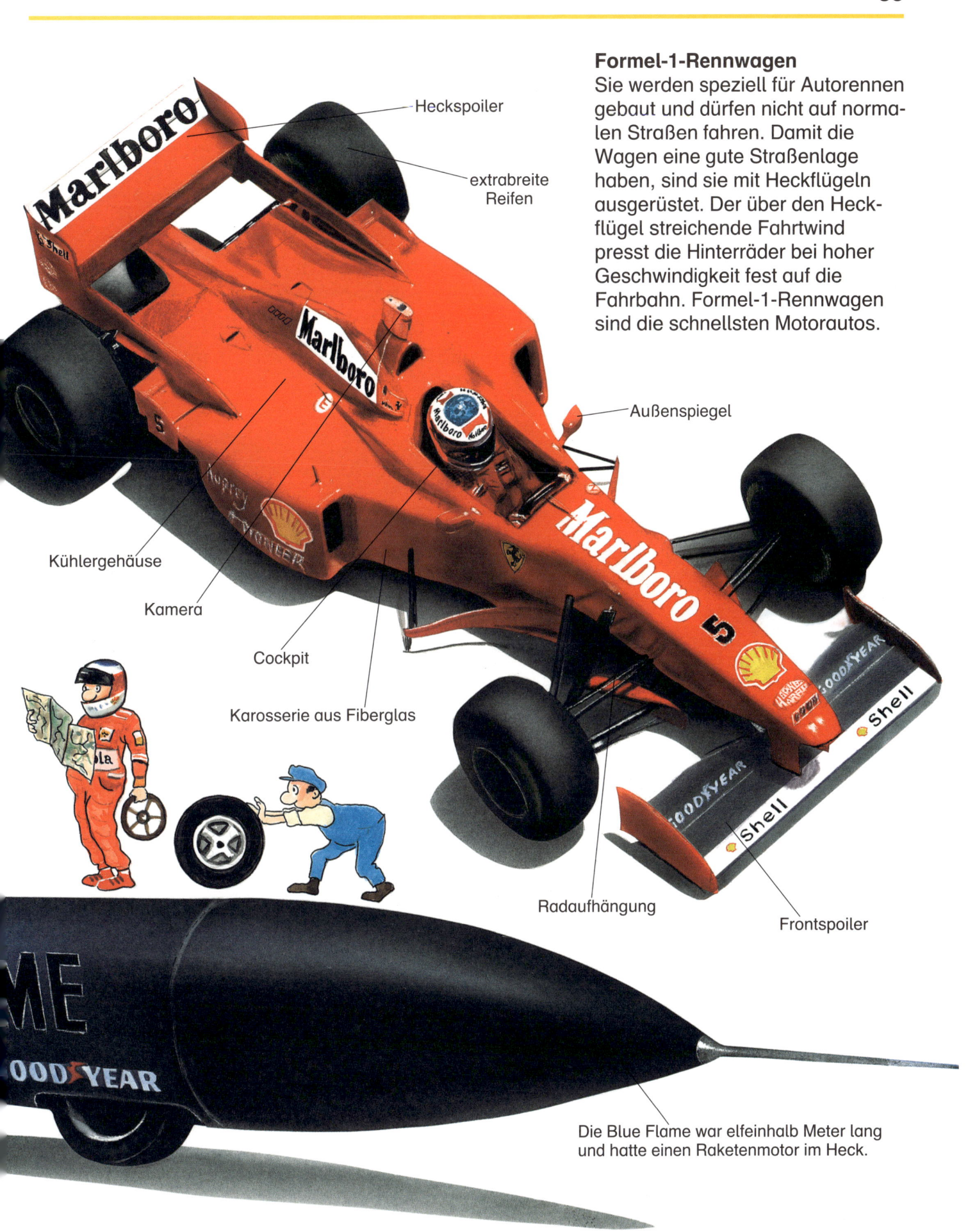

Sie werden speziell für Autorennen gebaut und dürfen nicht auf normalen Straßen fahren. Damit die Wagen eine gute Straßenlage haben, sind sie mit Heckflügeln ausgerüstet. Der über den Heckflügel streichende Fahrtwind presst die Hinterräder bei hoher Geschwindigkeit fest auf die Fahrbahn. Formel-1-Rennwagen sind die schnellsten Motorautos.

- Heckspoiler
- extrabreite Reifen
- Außenspiegel
- Kühlergehäuse
- Kamera
- Cockpit
- Karosserie aus Fiberglas
- Radaufhängung
- Frontspoiler

Die Blue Flame war elfeinhalb Meter lang und hatte einen Raketenmotor im Heck.

Wie schaden Autos unserer Umwelt?

Im Motor eines Autos wird Benzin oder Dieselkraftstoff verbrannt. Dabei entsteht Rauch, der aus dem Auspuff qualmt. Man sagt dazu, das Auto erzeugt Abgase. Denn der Rauch enthält giftige Gase und andere schädliche Stoffe. Wo sehr viele Autos fahren, können sich die Abgase zu riesigen Wolken zusammenballen. Sie verpesten unsere Atemluft, schädigen unsere Wälder und verschlechtern das Klima auf der ganzen Welt.

Straßen, Straßen...
Autos brauchen Straßen. Diese Straßen sind auch ein großes Umweltproblem. Wälder und Wiesen werden ihnen geopfert. Blühende Landschaften müssen Autobahnen weichen. Würde man alle größeren Straßen Deutschlands nebeneinander legen, ergäbe das eine gewaltige Asphaltfläche. Diese Fläche wäre so groß wie das Saarland.

Verschmutzen Elektroautos auch die Luft?

Elektroautos haben einen Elektromotor, der mit elektrischem Strom aus der Batterie angetrieben wird. Das funktioniert ohne Rauch und Abgase. Elektroautos verschmutzen die Luft also nicht. Doch der Batteriestrom wird meist in Kohlekraftwerken hergestellt. Dort wird Kohle verbrannt, dabei entstehen wiederum Abgase.

Was ist ein Katalysator?

Der Katalysator ist ein Gerät im Auto. Mit seiner Hilfe werden die Abgase des Motors gereinigt. Leider kann der Katalysator nicht alle Giftstoffe aus den Abgasen herausfiltern. Es gelangen immer noch zu viele davon in unsere Atemluft.

mit Edelmetallen beschichtete Waben aus Keramik

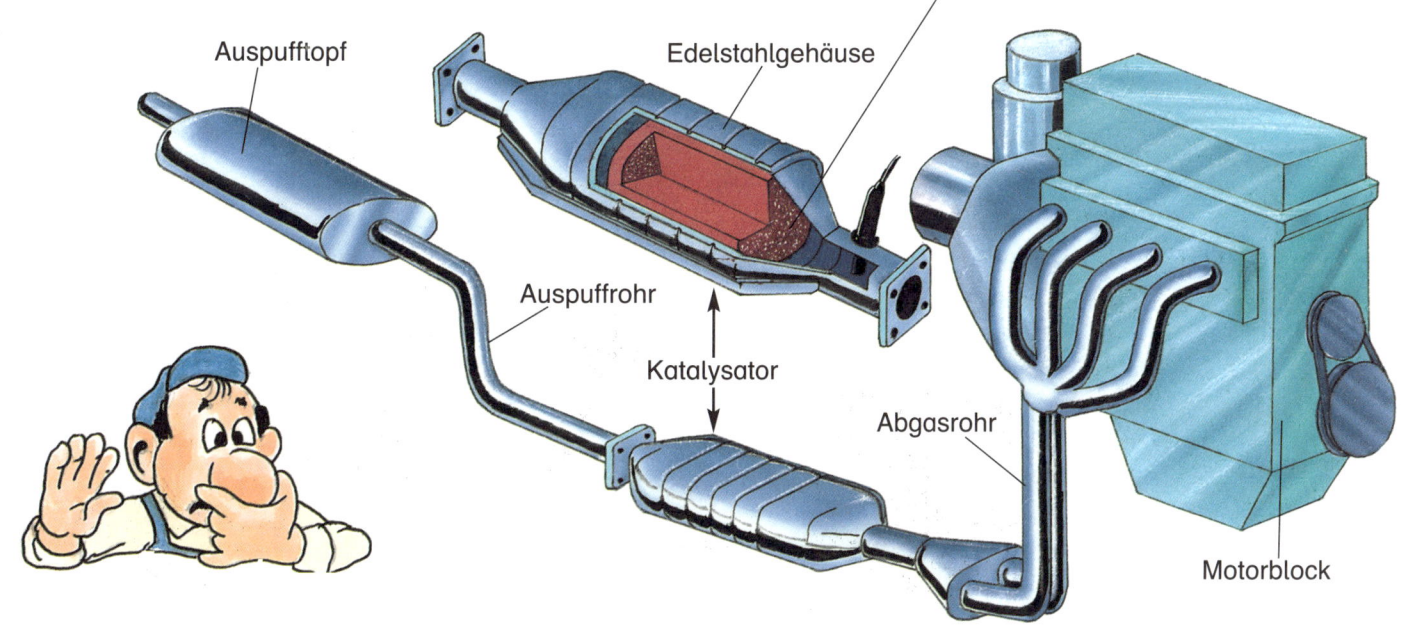

Auspufftopf
Edelstahlgehäuse
Auspuffrohr
Katalysator
Abgasrohr
Motorblock

Wie werden Autos künftig aussehen?

Kein Mensch weiß, wie Autos in Zukunft genau aussehen werden. Neueste Erfindungen sind Elektroautos, die auf Straßen und auf Schienen fahren können. Solange sie eine Schienenstrecke benutzen, brauchen die Fahrer nichts zu tun. Erst wenn es auf die Straße geht, muss man wieder lenken, Gas geben oder bremsen. Auf solchen Schienen könnten sehr viele Autos sehr schnell vorwärts kommen.

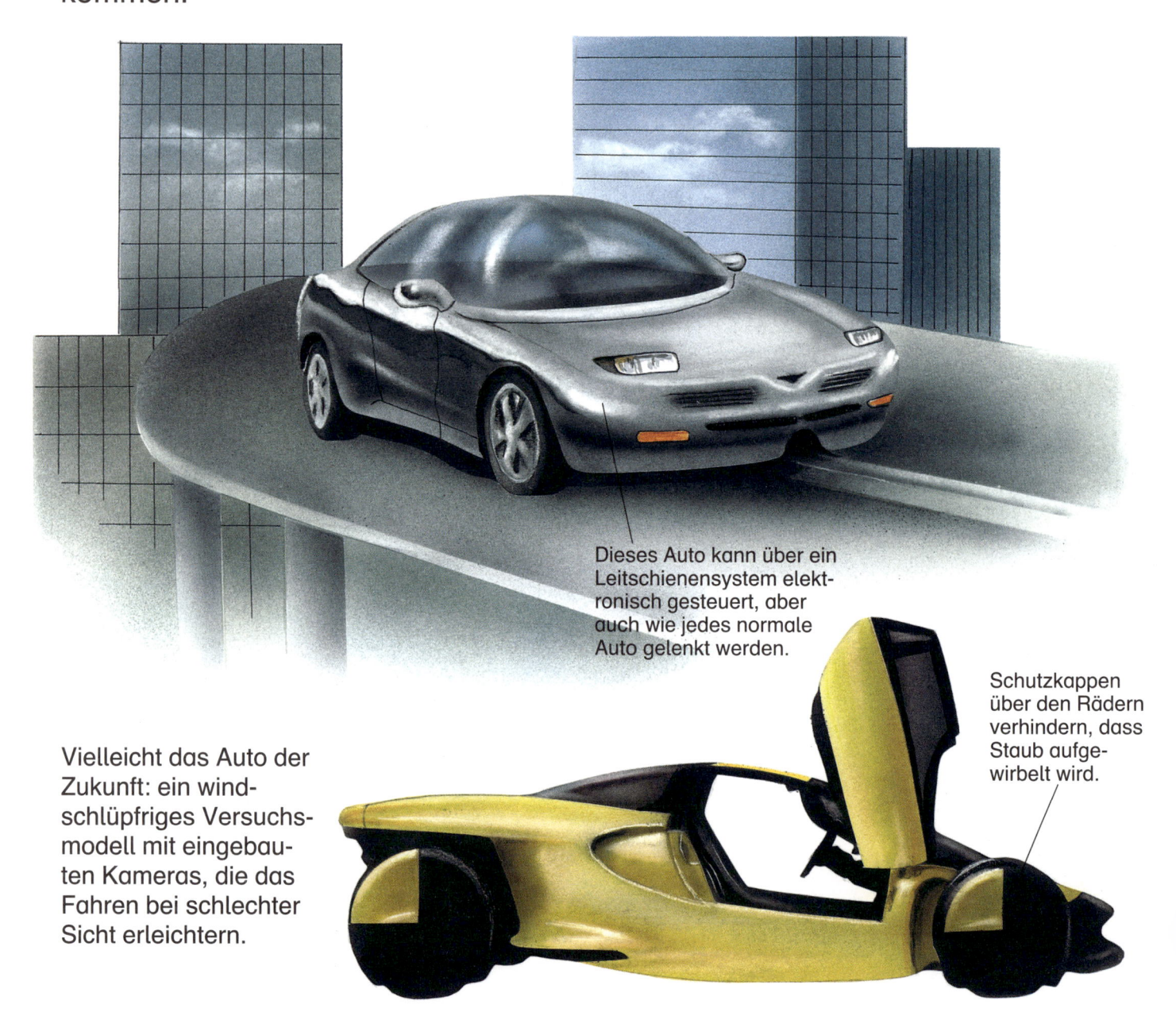

Dieses Auto kann über ein Leitschienensystem elektronisch gesteuert, aber auch wie jedes normale Auto gelenkt werden.

Vielleicht das Auto der Zukunft: ein windschlüpfriges Versuchsmodell mit eingebauten Kameras, die das Fahren bei schlechter Sicht erleichtern.

Schutzkappen über den Rädern verhindern, dass Staub aufgewirbelt wird.

Werden die Benzinmotoren abgelöst?

Die Kraftstoffe Benzin und Diesel werden aus Erdöl hergestellt, dessen Vorräte auf der Erde spätestens in 100 Jahren aufgebraucht sein werden. Die Autos der Zukunft fahren wahrscheinlich mit Gas oder elektrischem Strom. Solche Autos werden bereits entwickelt.

Solarzellen

Dieses „Solarmobil" fährt schon heute mit Sonnenenergie. (Das Wort Solar stammt von dem lateinischen Wort sol für Sonne.) Die Solarzellen auf dem Autodach wandeln die Sonnenstrahlen in elektrischen Strom um. Der Strom treibt dann einen Elektromotor an.

Werden Computer den Fahrer ersetzen?

Vielleicht werden die Autos der Zukunft nur noch von Computern gesteuert. Der Fahrer muss dann lediglich sein Ziel in den Bordcomputer eintippen, und los geht's. Alles Weitere geschieht automatisch.

Beobachtung des Straßenverlaufs

Der Computer wählt den günstigsten Streckenverlauf selbst.

Wie sind Feuerwehrautos ausgerüstet?

Alle Feuerwehrautos sind rot und haben Blaulicht und Martinshorn. Martinshorn nennt man die Sirene. Es gibt verschiedene Arten von Feuerwehrautos. Auf dem Drehleiterwagen ist eine ausfahrbare Leiter. Im Tanklöschfahrzeug ist ein großer Tank voll Wasser. Der Schlauchwagen transportiert die langen Wasserschläuche. Im Ausrüstungswagen sind Sprungtücher, Werkzeuge, Atemschutzmasken, Wasserpumpen und andere Geräte.

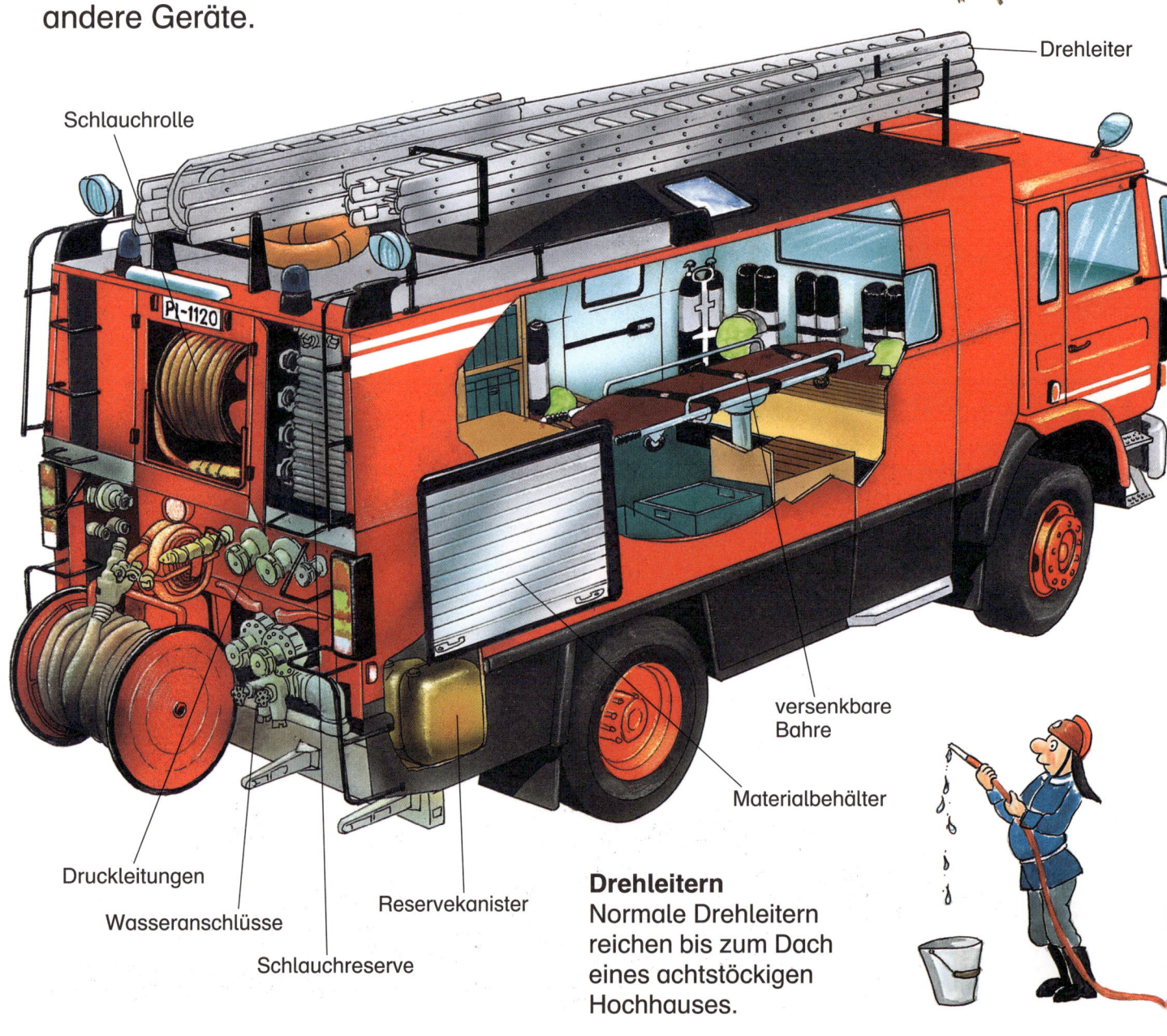

Drehleiter

Schlauchrolle

versenkbare Bahre

Materialbehälter

Druckleitungen

Wasseranschlüsse

Reservekanister

Schlauchreserve

Drehleitern
Normale Drehleitern reichen bis zum Dach eines achtstöckigen Hochhauses.

Was ist ein Funkstreifenwagen?

Polizisten fahren in ihren Polizeiautos regelmäßig bestimmte Strecken entlang. Sie kontrollieren, ob alles in Ordnung ist. „Sie sind auf Streife", sagt man dazu. Die Polizisten erfahren über Funk, wo etwas passiert ist. Deshalb nennt man Polizeiautos auch Funkstreifenwagen.

Blaulicht und Martinshorn

Wenn der Funkstreifenwagen Blaulicht und Martinshorn einschaltet, hat er überall Vorfahrt.

Funksprechgerät

In welchen Autos kann man auch wohnen?

Ein Wohnmobil ist eine kleine Wohnung auf Rädern. Man kann darin schlafen, kochen und sogar duschen. Auch eine Toilette ist vorhanden. Viele Menschen fahren mit dem Wohnmobil in Urlaub. Das geht sogar im Winter. Dann werden die Wohnmobile mit Gasöfen beheizt.

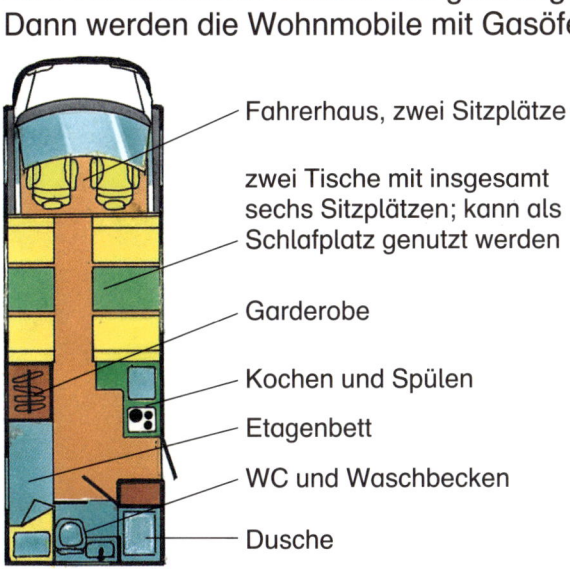

Fahrerhaus, zwei Sitzplätze

zwei Tische mit insgesamt sechs Sitzplätzen; kann als Schlafplatz genutzt werden

Garderobe

Kochen und Spülen

Etagenbett

WC und Waschbecken

Dusche

Prüfe dein Wissen!

Zu den Bildern auf dieser Seite wird dir jeweils eine Frage gestellt. Wenn dir die Antwort nicht einfällt, dann suche im Buch einfach die abgebildete Illustration.

Wie nennt man die Fensterform?

Warum geht er vor dem Auto?

Wie schnell fuhr das Raketenauto?

Darf der Rennwagen auf normalen Straßen fahren?

Wie wurde dieses Auto hergestellt?

Was für einen Motor besitzt das Mondauto?

Wo befindet sich dieses Auto?

Wie nennt man dieses Teil?

Wann hat die Polizei Vorfahrt?

Register

Abgase 36, 37
Airbag 32
Andruckscheibe 22
Antiblockiersystem 33
Antriebswelle 18, 20, 21
Armaturenbrett 28
Auspuff 20, 36
Autoform 24
Automobil 8
Autorennen 14, 15
Batterie 19, 20, 37
Benz Velo 10
Benz, Carl 10, 11
Blaulicht 40, 41
„Blechlieschen" 12
Blinker 28
Bremsklotz 23
Bremsleitung 23
Bremspedal 23
Brezelfenster 26
Cabrio 17
Citroën 2 CV 27
Computer 39
Cugnot, Nicolas Joseph 8, 9
Daimler, Gottlieb 10, 14
Dampfauto 9, 13
Dampfkutsche 9
Dampfmaschine 8
Dampfmobil 8, 10
Drehzahlmesser 28
Dunlop, John 13
Elektrik 29
Elektroauto 37
Elektromotor 37, 39
„Ente" 27
Erdöl 39
Feuerwehrauto 40
Fiat Barchetta 17
Fiat S.B.4 15
Fließbandproduktion 12
Flugmobil 34
Ford Modell T 12
Ford, Henry 12
Formel-1-Rennwagen 35
Frontantrieb 19
Funkstreifenwagen 41
Gang 20, 21
Gaspedal 28
Gemisch 18
Getriebe 20, 21

Golf 27
Gürtelreifen 13
Handbremse 23
Hinterradantrieb 19
Holzrad 13
Honda Civic Aerodeck 17
Isetta 30
Jellinek, Emil 14
Kardanwelle 20, 21
Karosserie 16, 25
Katalysator 37
Kilometerzähler 28
Kindersitz 32
Kleinwagen 30
Knautschzone 33
Kolben 18, 20
Kombi 17
Kopfstütze 32
Kühler 18, 19, 20
Kupplung 22
Kupplungspedal 21, 22
Kupplungsscheibe 22
Kurbelwelle 18, 20, 21, 22, 28
Lackierung 32
Lancia Aprilia 24
Lenkrad 28
Limousine 16
Luftfilter 19, 20
Luftkühlung 26
Lufttreifen 13
Luftwiderstand 25
Luftwirbel 25
Martinshorn 40, 41
Mercedes 14, 24
Mercedes-Rennwagen 15
Messerschmitt, Kabinenroller 30
Michelin, Gebrüder 13
Mini 31
Mondauto 34
Motor 18, 19, 20
Motorhaube 19
Oldtimer 13
Ölstand 28
Panhard 14
Passat 27
Peugeot 14
Pferdestärke 10
Pleuelstange 18
Polo 27
Porsche, Ferdinand 26

Raketenauto 34, 35
Rennauto 15
Rennfahrer 15
Rolls-Royce 13
Rückwärtsgang 20
Saab 95 17, 31
Schalthebel 20
Scheibenbremse 23
Schiebedach 16
Seitenaufprallschutz 33
Sicherheit 32
Sicherheitsglas 33
Sicherheitsgurt 32
Sicherheitslenksäule 33
Solarmobil 39
Stoßstange 19
Straße 36
Tachometer 28
Tankstelle 11
Tankuhr 28
Testfahrt 15
„Tin Lizzy" 12
Umwelt 36
Volkswagen 26, 27
Vollgummireifen 13
VW 1300 26
VW Käfer 26
Warnblinklicht 28
Windkanal 25
Windschutzscheibe 25
Wohnmobil 41
Zahnrad 21
Zündkerze 18
Zündschloss 29
Zylinder 18

Die Feuerwehr

Inhalt

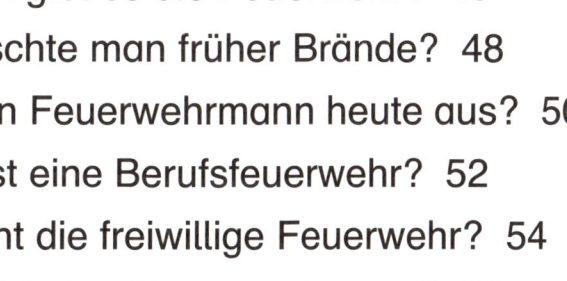

Warum gibt es die Feuerwehr? 46
Wie löschte man früher Brände? 48
Wie sieht ein Feuerwehrmann heute aus? 50
Was ist eine Berufsfeuerwehr? 52
Was macht die freiwillige Feuerwehr? 54
Wie sieht eine Feuerwache aus? 56
Was macht die Einsatzleitstelle? 58
Woraus besteht ein Löschzug? 60
Wann rückt die Feuerwehr aus? 62
Wie werden Waldbrände gelöscht? 64
Was macht die schwimmende Feuerwehr? 66
Wie sieht ein Einsatz am Flughafen aus? 68
Wo kommt das Löschwasser her? 70
Werden Feuerwehreinsätze geübt? 72
Was gehört alles zur Ausrüstung? 74
Welche Fahrzeuge hat die Feuerwehr? 76
Wie kann man Bränden vorbeugen? 78
Prüfe dein Wissen! 80
Register 82

Warum gibt es die Feuerwehr?

Vor mehreren hunderttausend Jahren lernten die ersten Menschen, mit dem Feuer umzugehen. Mit der Zeit mussten auch Methoden zur Brandbekämpfung entwickelt werden, weil die Gefährdung durch Feuer immer mehr zunahm. Die Aufgaben der heutigen Feuerwehr sind sehr vielfältig. Sie wird eingesetzt bei Bränden, aber auch bei Überschwemmungen und anderen Natur- und Umweltkatastrophen.

Tankwagenunfall
Ausgelaufenes Benzin brennt auf der Straße. Der Tankwagen wird mit einem Wassersprühstrahl unter Hitzeschutz gekühlt.

Wie entstand die Feuerwehr?

Die ersten Feuerwehrmänner waren wahrscheinlich römische Sklaven. Bei ihren nächtlichen Kontrollgängen hatten sie auch die Aufgabe, Brände zu löschen. Um 300 v. Chr. bildeten reiche Privatleute eigene, bezahlte Löschmannschaften. In China gab es schon vor über 2500 Jahren Feuerschutztruppen.

Römischer Sklave

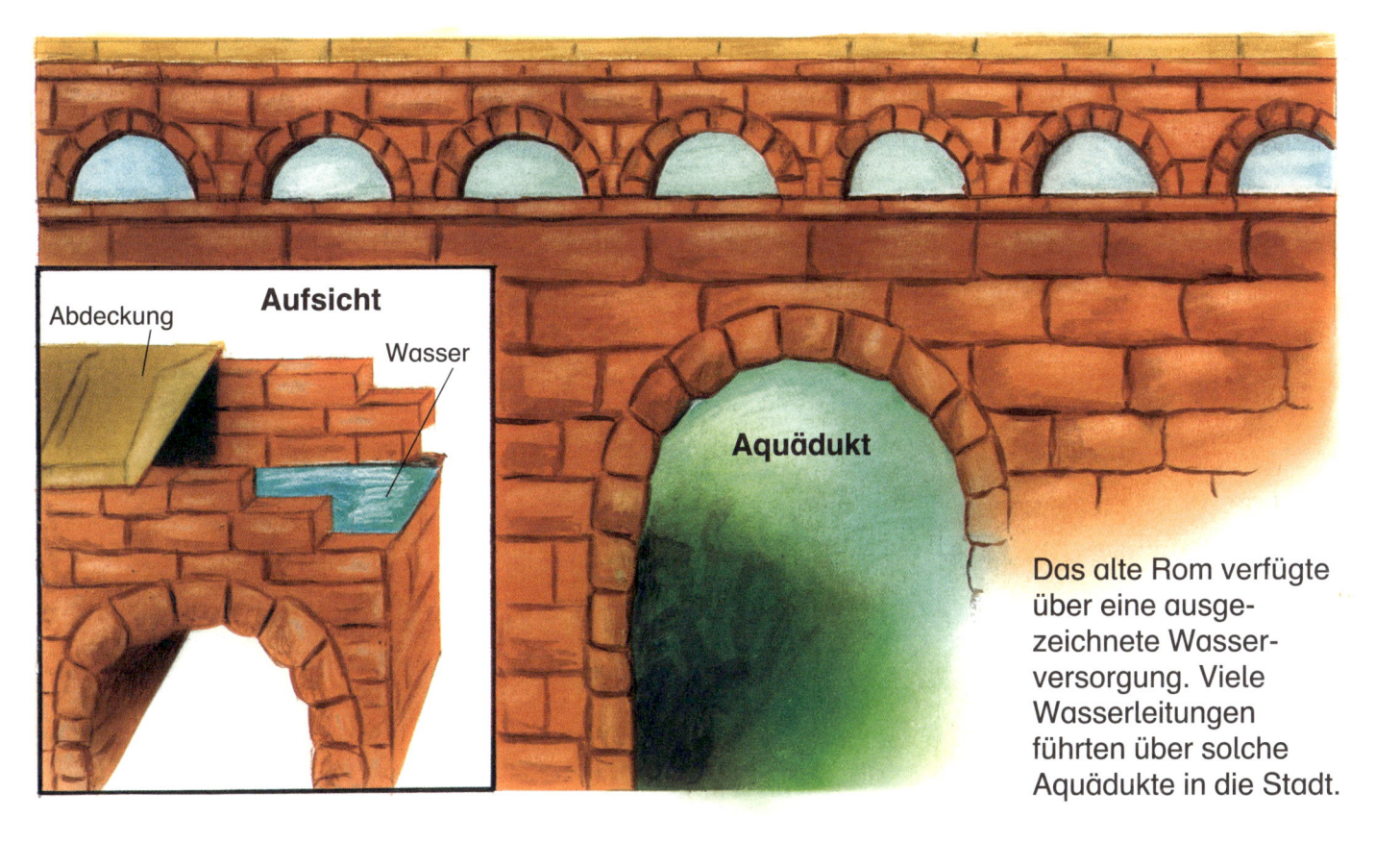

Bronzeeimer

Tonkrüge

Solche Bronzeeimer und Tonkrüge wurden von den Sklaven zum Löschen benutzt.

Die Sklaven in den römischen Löschmannschaften hatten noch keine geeigneten Geräte und auch keine Schutzkleidung.

Aufsicht

Abdeckung

Wasser

Aquädukt

Das alte Rom verfügte über eine ausgezeichnete Wasserversorgung. Viele Wasserleitungen führten über solche Aquädukte in die Stadt.

Wie löschte man früher Brände?

Im Mittelalter schlugen die Nachtwächter Alarm, wenn Feuer ausbrach. Vor allem in kleinen Dörfern, die vorwiegend aus Holzhäusern bestanden, war die Brandgefahr sehr groß. Die Einwohner bildeten eine Eimerkette von einem nahe gelegenen Brunnen, um das Feuer zu löschen. Oft riss man benachbarte Häuser ab, damit sich der Brand nicht weiter ausbreiten konnte.

Feuer-spritze

Ein Anwesen steht lichterloh in Flammen. Mit einer Eimerkette wird Wasser von einem Brunnen herbeigeschafft. Oben siehst du eine der ersten fahrbaren Feuerspritzen aus dem Jahr 1569.

Wie sieht ein Feuerwehrmann heute aus?

Die Kleidung und Ausrüstung der Feuerwehr ist sehr vielfältig. Wegen der vielen verschiedenen Einsatzmöglichkeiten ist auch das Material der Schutzkleidung unterschiedlich. Aber alle Stoffe sind so behandelt, dass sie kein Feuer fangen können. Neben der Einsatzkleidung gibt es auch eine Dienstuniform.

- Schutzanzug aus schwer brennbarem Material
- Sicherheitsleuchtstreifen
- Stulpenhandschuhe aus Leder
- Spritze
- Schlauch
- Schutzhelm mit weißer Leuchtfarbe und Brechkante
- Nackenschutz
- Kinnriemen
- Beil mit Halfter
- Schnellschließgürtel mit Befestigungsmöglichkeiten für Ausrüstungsgegenstände
- Stiefel mit Schlaufen und Stahlkappen

Welche Einsatzkleidung gibt es?

Wenn ein Feuerwehrmann längere Zeit großer Hitze ausgesetzt ist, trägt er einen mit Aluminium beschichteten Anzug. Muss er durch Qualm und Rauch, benutzt er eine Atemschutzmaske und hat eine Flasche mit Atemluft. Für den Einsatz bei einem Brand oder einem Unfall in einer chemischen Fabrik gibt es Chemie- und Strahlenschutzanzüge.

Hitzeschutz
Die Schutzanzüge gegen große Strahlungshitze sind heute nicht mehr aus Asbest, sondern oft aus metallisiertem Glasseidengewebe oder Kunststoff gefertigt. Es gibt verschiedene Schutzstufen.

Chemie-/Säureanzug
Ein Chemikalien-Schutzanzug wird oft bei Unfällen in Chemiefabriken benötigt. Je nach dem Gefährdungsgrad gibt es ebenfalls verschiedene Schutzstufen.

Straßensicherung
Die Warnkleidung besteht aus hoch sichtbarem Material, meist aus Polyester. Die leuchtend roten Westen besitzen reflektierende Silberstreifen, die im Dunkeln schon aus großer Entfernung gesehen werden können.

Was ist eine Berufsfeuerwehr?

Städte mit mehr als 100 000 Einwohnern müssen eine Berufsfeuerwehr haben. Das bedeutet, dass die bei der Feuerwehr beschäftigten Männer und Frauen Berufsfeuerwehrleute sind. Aber jeder von ihnen hat vorher einen anderen Beruf erlernt. Die Feuerwachen sind rund um die Uhr einsatzbereit, und die Feuerwehrleute arbeiten in einem 24-Stunden-Schichtdienst.

Die Feuerwehrautos warten in der Garage einer Feuerwache auf ihren Einsatz.

Wie wird man Feuerwehrmann?

Wer zur Berufsfeuerwehr will, sollte vorher einen handwerklichen oder technischen Beruf erlernt haben. Besonders geeignet sind Berufe wie Kfz-Handwerker, Mechaniker, Schlosser oder Elektriker. Der Feuerwehr-Anwärter muss zwei Jahre lang viel über Gerätekunde, Atemschutztechniken und Feuerwehrrecht lernen.

In der Grundausbildung, aber auch danach wird der Einsatz in der Löschgruppe immer und immer wieder geübt, damit alle Handgriffe sitzen und im Ernstfall so rasch wie möglich geholfen werden kann.

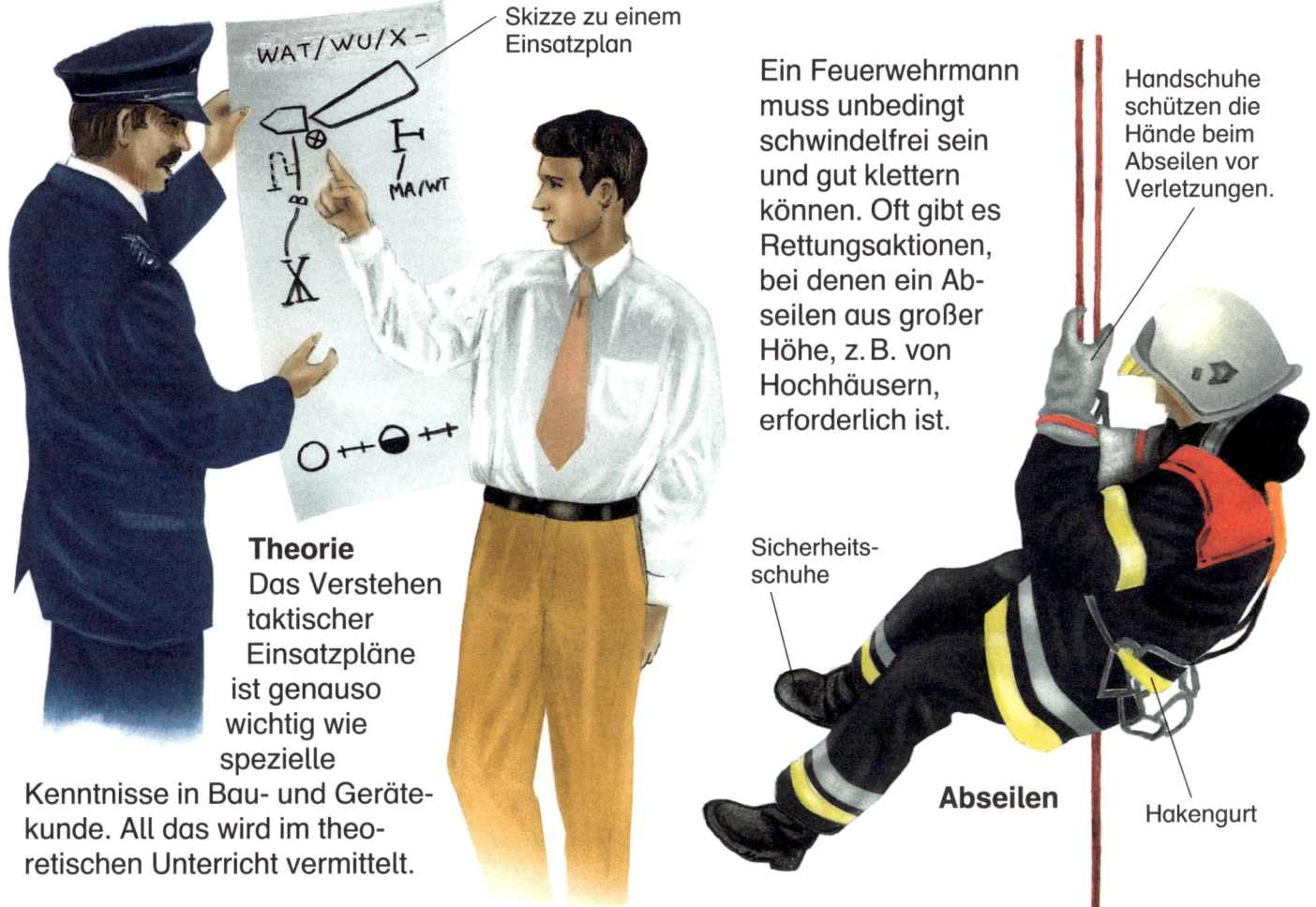

Übung

Auch das Aufrichten einer Leiter muss geübt werden.

Helm

Beil

Skizze zu einem Einsatzplan

Theorie
Das Verstehen taktischer Einsatzpläne ist genauso wichtig wie spezielle Kenntnisse in Bau- und Gerätekunde. All das wird im theoretischen Unterricht vermittelt.

Ein Feuerwehrmann muss unbedingt schwindelfrei sein und gut klettern können. Oft gibt es Rettungsaktionen, bei denen ein Abseilen aus großer Höhe, z.B. von Hochhäusern, erforderlich ist.

Handschuhe schützen die Hände beim Abseilen vor Verletzungen.

Sicherheitsschuhe

Abseilen

Hakengurt

Was macht die freiwillige Feuerwehr?

Aus dem dörflichen Leben ist die freiwillige Feuerwehr gar nicht mehr wegzudenken. Sie besteht aus Bürgern, die freiwillig und unentgeltlich bereit sind, zu jeder Zeit Schadensfälle zu bekämpfen. Nur bei größeren Unglücksfällen wird zusätzlich die Berufsfeuerwehr angefordert. Für eine freiwillige Feuerwehr sind 200 oder mehr Einsätze im Jahr keine Seltenheit.

Bei einem Unfall ist Öl auf die Straße gelaufen und gefährdet andere Verkehrsteilnehmer. Feuerwehrleute schütten ein Bindemittel auf die Ölspur, um die Fahrbahn zu säubern.

Woher kommen die freiwilligen Helfer?

In die freiwillige Feuerwehr kann jeder eintreten, der mindestens 18 Jahre alt ist. In vielen Orten gibt es auch Jugendfeuerwehren, in denen Jungen und Mädchen Sport und Spiel betreiben und feuerwehrtechnisches Grundwissen erlernen. Viele Wehren gewinnen hieraus ihren Nachwuchs.

Kinder und Jugendliche lernen den Umgang mit technischem Gerät bereits bei der Jugendfeuerwehr.

Wie werden die Freiwilligen alarmiert?

Freiwillige Feuerwehrleute arbeiten tagsüber in ihrem Beruf. Wenn ein Brand ausbricht, ruft sie eine Sirene zum Einsatz. Wer nicht in seinem Heimatort arbeitet und die Sirene nicht hören kann, wird telefonisch oder mit einem Piepser alarmiert. Unverzüglich eilen die Feuerwehrmänner dann zu ihrer Feuerwache.

Sirene

Solche Sirenen können bis zu einer Entfernung von drei bis fünf Kilometern gehört werden. Wenn sich ein freiwilliger Feuerwehrmann weiter weg befindet, muss er telefonisch oder über Funk benachrichtigt werden.

Wie sieht eine Feuerwache aus?

Eine große Feuerwache ist rund um die Uhr in Betrieb. Sie ist organisiert wie eine kleine Stadt, die sich selbst versorgt. Hier arbeiten oft mehr als 100 Menschen und verrichten Tätigkeiten, die sie in ihrem früheren Beruf erlernt haben: Es gibt eine Schreinerei, eine Funk- und Elektrowerkstatt, eine Waschhalle, eine Lackiererei, eine Halle für Atemschutzgeräte und Feuerlöscher und manches mehr.

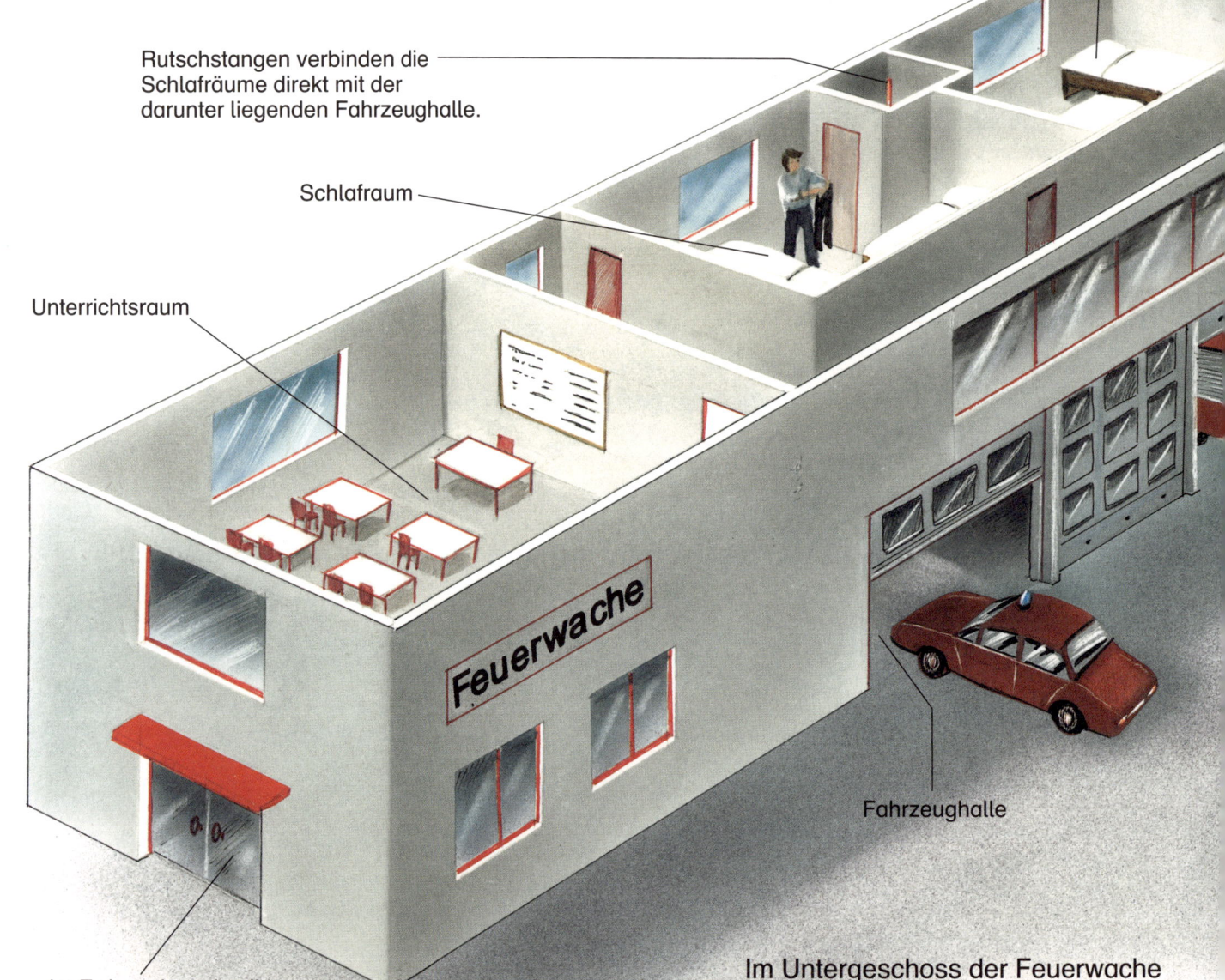

Rutschstangen verbinden die Schlafräume direkt mit der darunter liegenden Fahrzeughalle.

Schlafraum

Schlafraum

Unterrichtsraum

Fahrzeughalle

Im Erdgeschoss ist die Einsatzleitstelle untergebracht.

Im Untergeschoss der Feuerwache befinden sich die Aufzeichnungsgeräte, die sämtliche Funksprüche und Telefongespräche aufnehmen.

Lagerraum für Ausrüstung und Ersatzteile

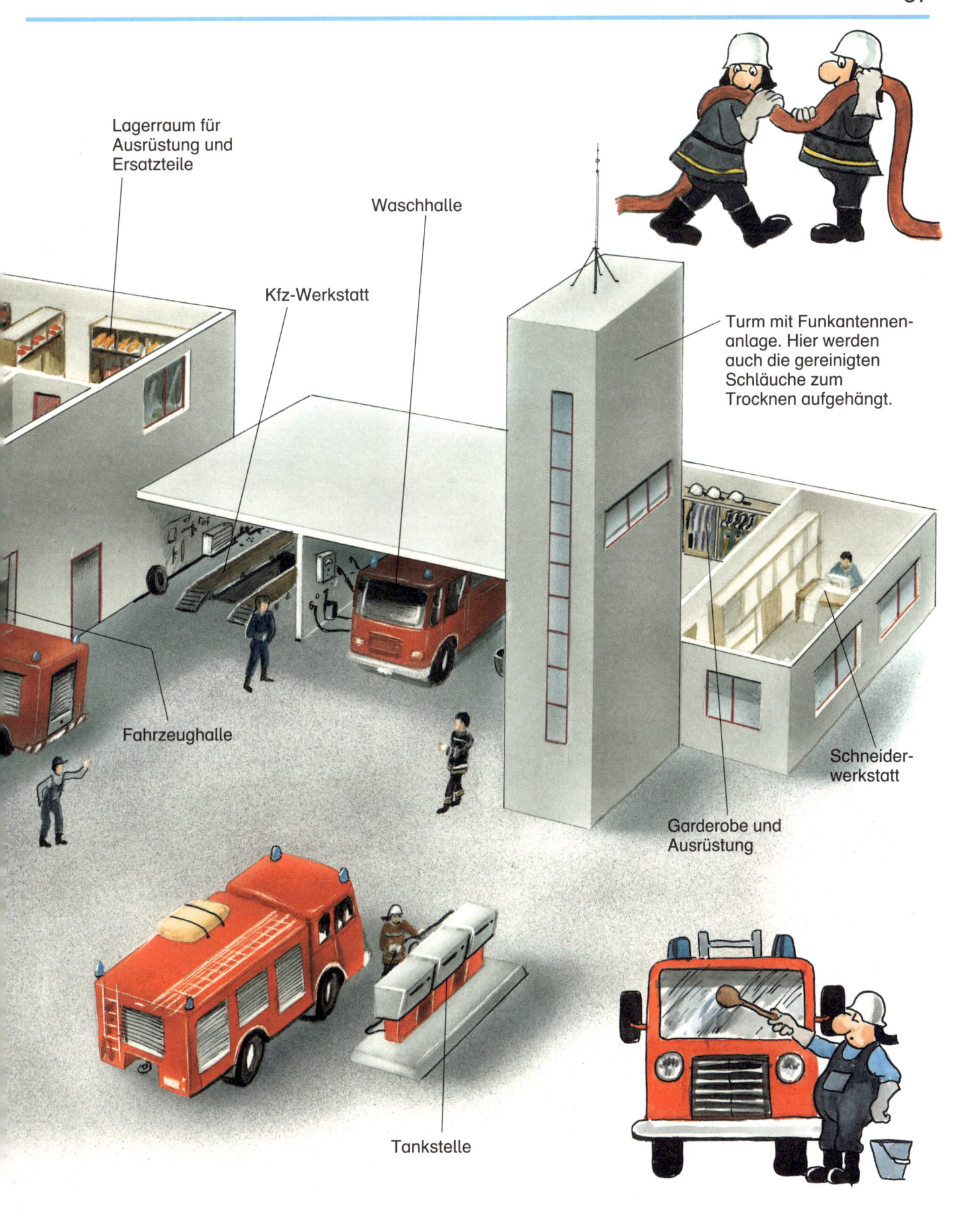

Waschhalle

Kfz-Werkstatt

Turm mit Funkantennenanlage. Hier werden auch die gereinigten Schläuche zum Trocknen aufgehängt.

Fahrzeughalle

Schneiderwerkstatt

Garderobe und Ausrüstung

Tankstelle

Was macht die Einsatzleitstelle?

Über die Telefon-Notrufnummer 112 erreicht man die Einsatzleitstelle der Feuerwehr. Dort sitzen Feuerwehrbeamte, die Brandmeldungen und Notrufe entgegennehmen. Sie geben im Ernstfall Alarm und steuern von hier aus die Fahrten der Einsatzfahrzeuge und der Kranken- und Rettungswagen. In der Einsatzleitstelle schlägt das Herz der Feuerwache.

In der Einsatzleitstelle befinden sich viele Schaltpulte, z. B. für die Hallentore oder die Alarmbeleuchtung.

Die Beamten arbeiten mit Kopfhörern, um die Hände für den Computer und Notizen freizuhaben.

Monitor für die Einsatzbearbeitung

Auf dieser Fläche wird eine Übersicht der aufgenommenen Gespräche angezeigt.

Im Computer sind Einsatzpläne, Flucht- und Rettungswege sowie wichtige Einzelheiten zu allen großen Gebäuden in einer Stadt gespeichert.

Telefon mit Direktleitung zur Polizei und zur Rettungsleitstelle

Auf einer großen Planungstafel ist eine Übersicht aller Feuerwehrfahrzeuge dargestellt. Diese Tafel ist eines der wichtigsten Hilfsmittel für die Feuerwehrleute. Hier sehen sie, welche Fahrzeuge wann und wo im Einsatz sind und welche Fahrzeuge gerade verfügbar sind.

Planungstafel

Auf jedem Bildschirm kann ein Stadtplan dargestellt werden, damit die Feuerwehrautos so schnell wie möglich und ohne Umwege an ihren Einsatzort gelangen können.

Bildschirm mit Daten für die Einsatzzentrale der Polizei

Drucker

Woraus besteht ein Löschzug?

Bei größeren Bränden wird immer ein Löschzug eingesetzt, der aus der Mannschaft und mehreren Fahrzeugen besteht. Die Mannschaft ist in Gruppen aufgeteilt, die verschiedene Aufgaben haben: Löschangriff, Rettung von Menschen, Abriegelung der Brandausbreitung und Wasserversorgung. Ein Löschzug rückt immer in einer festgelegten Reihenfolge zum Einsatzort aus: Nach dem Einsatzleitwagen folgen Löschfahrzeug, Drehleiterfahrzeug und Tanklöschfahrzeug.

Blaulicht

Martinshorn

Drehleiterfahrzeug (DLF)

Drehleiter

Angriffstruppführer

Unterflurhydrant

Schlauchtruppführer

Wer gehört zur Einsatzmannschaft?

Zu einer Einsatzmannschaft gehören Zugführer, Gruppenführer, Truppführer und Truppmänner. Die Mannschaftsstärke wird oft so angegeben: 1/2/16. Das bedeutet, dass zur Mannschaft ein Zugführer, zwei Gruppenführer und sechzehn Mann gehören. Letztere gliedern sich in Truppführer und Truppmänner, Maschinisten und Melder.

Tanklöschfahrzeug (TLF)

Zugführer

Rettungswagen (RTW)

Melder   Maschinist   Sanitäter   Verletzter   Arzt

Wann rückt die Feuerwehr aus?

Die Feuerwehr löscht nicht nur Brände. Sie wird bei vielen Notfällen alarmiert: Bei Überschwemmungen müssen Menschen und Tiere gerettet werden. Bei Verkehrsunfällen werden die Fahrzeuginsassen aus den Autowracks befreit und Feuerwehrmänner leisten erste Hilfe. Die Feuerwehr hat sogar Froschmänner. Das sind Taucher, die beispielsweise bei Schiffsunglücken eingesetzt werden.

Taucherbrille

Sauerstoffgerät

Messer

Schwimmflossen

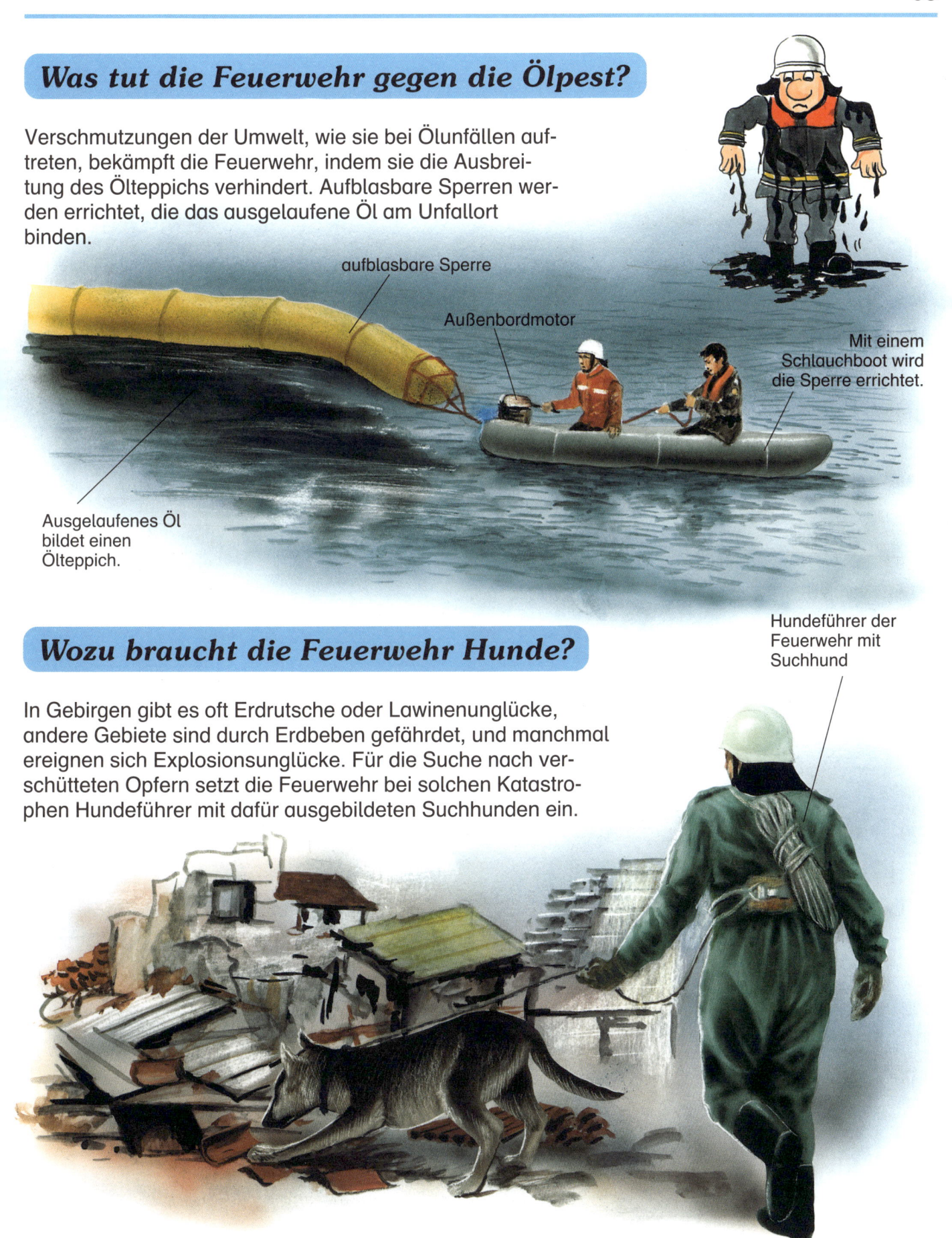

Was tut die Feuerwehr gegen die Ölpest?

Verschmutzungen der Umwelt, wie sie bei Ölunfällen auftreten, bekämpft die Feuerwehr, indem sie die Ausbreitung des Ölteppichs verhindert. Aufblasbare Sperren werden errichtet, die das ausgelaufene Öl am Unfallort binden.

aufblasbare Sperre

Außenbordmotor

Mit einem Schlauchboot wird die Sperre errichtet.

Ausgelaufenes Öl bildet einen Ölteppich.

Wozu braucht die Feuerwehr Hunde?

In Gebirgen gibt es oft Erdrutsche oder Lawinenunglücke, andere Gebiete sind durch Erdbeben gefährdet, und manchmal ereignen sich Explosionsunglücke. Für die Suche nach verschütteten Opfern setzt die Feuerwehr bei solchen Katastrophen Hundeführer mit dafür ausgebildeten Suchhunden ein.

Hundeführer der Feuerwehr mit Suchhund

Wie werden Waldbrände gelöscht?

Großfeuer wie beispielsweise Waldbrände breiten sich sehr schnell über riesige Flächen aus. Am besten lassen sie sich aus der Luft bekämpfen. Flugzeuge mit großen Wassertanks überfliegen den Brandherd entgegen der Windrichtung und schütten tausende von Litern Wasser über dem Gebiet aus. Löschflugzeuge können in Sekundenschnelle wieder neues Wasser aus nahe gelegenen Seen oder großen Flüssen aufnehmen: Sie füllen ihre Tanks beim Überfliegen der Wasseroberfläche.

Tragflächenschwimmer

Zwei Wassertanks nehmen mehr als 6000 Liter Wasser auf.

Während Flugzeuge das Feuer bekämpfen, schlagen Feuerwehrleute Schneisen durch den Wald, um eine weitere Ausbreitung des Feuers zu verhindern.

Das Einziehfahrwerk ermöglicht es, auf dem Wasser oder auf Flugplätzen zu landen.

Tragflächenschwimmer

Zum Auffüllen der Tanks streift das Flugzeug mit der Unterseite des Rumpfs die Oberfläche eines Sees oder großen Flusses und nimmt Wasser in die Tanks auf. Dazu braucht es weniger als zehn Sekunden. Es legt dabei etwa 570 Meter zurück.

Das Flugzeug öffnet seine Tankklappen und lässt das gesamte Löschwasser in die Flammen ab.

Was macht die schwimmende Feuerwehr?

Bei Bränden auf Ölfördertürmen, Öltankern oder anderen Schiffen kann die Feuerwehr nur mit einem Schiff an die Brandstelle gelangen. Feuerwehrschiffe sind schwimmende Feuerlöschpumpen, die mit Wasser löschen, das sie unter dem Schiffsrumpf ansaugen. Oft wird das Wasser noch mit Schaummitteln gemischt, damit Schaumkanonen bei Ölbränden das Feuer ersticken können.

Blaulicht
Schaumkanone
Radar
Wasserwerfer
Besprechungsraum
Bug
Feuerwehr
Wassernebeldüsen

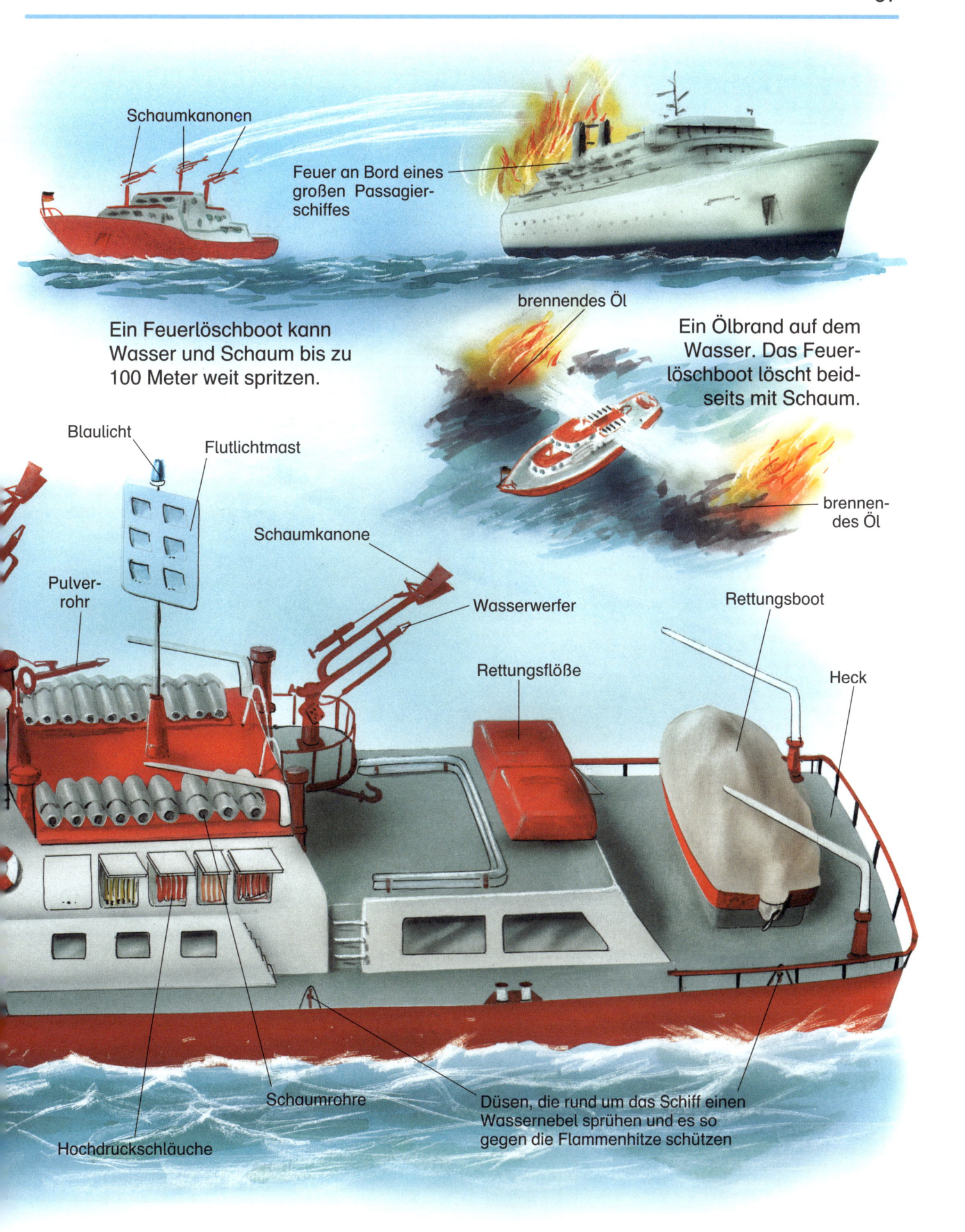

Schaumkanonen

Feuer an Bord eines großen Passagierschiffes

Ein Feuerlöschboot kann Wasser und Schaum bis zu 100 Meter weit spritzen.

brennendes Öl

Ein Ölbrand auf dem Wasser. Das Feuerlöschboot löscht beidseits mit Schaum.

brennendes Öl

Blaulicht

Flutlichtmast

Schaumkanone

Pulverrohr

Wasserwerfer

Rettungsboot

Rettungsflöße

Heck

Hochdruckschläuche

Schaumrohre

Düsen, die rund um das Schiff einen Wassernebel sprühen und es so gegen die Flammenhitze schützen

Wie sieht ein Einsatz am Flughafen aus?

Flughäfen haben ihre eigene Feuerwehr. Wenn ein Flugzeug notlanden muss, wird die Landebahn von Spezialfahrzeugen mit einem Schaumteppich versehen. Die Schaumlöschkanone, ein 45 Tonnen schweres Löschfahrzeug, das von einem einzigen Feuerwehrmann gesteuert werden kann, und alle anderen Einsatz- und Rettungsfahrzeuge nehmen vor der Landung des Flugzeugs ihre Positionen ein.

Der Werfer kann etwa 6000 Liter in der Minute hinausschleudern.

Ein Wasserschleier schützt das Fahrzeug vor Hitze.

Feuerwache

Abfertigungshalle

Schaumlöschkanonen

Ein Schaumteppich wird gelegt.

Ein in Brand geratenes Flugzeug versucht eine Notlandung.

Landebahn

Der Schaumteppich wird von einem Spezialfahrzeug in kürzester Zeit auf der Landebahn aufgetragen.

Bei einer Notlandung wird ein Schaumteppich gelegt. Die großen Löschfahrzeuge nehmen vor der Landung ihre Positionen ein. Wenn das Flugzeug aufsetzt, muss der Einsatz blitzschnell ablaufen, denn die Flammen müssen innerhalb weniger Sekunden gelöscht sein. Nur so kann eine Katastrophe verhindert werden. Die Feuerwehrleute an Flughäfen sind für Notlandungen besonders ausgebildet.

Der Tank fasst etwa 11 600 Liter Löschwasser.

In seitlichen Laderäumen befinden sich Schläuche, Rohre und Armaturen.

Schaummitteltank, ca. 1200 Liter.

Motor mit 1250 PS

Wo kommt das Löschwasser her?

Falls sich in der Nähe eines Brandortes ein See oder ein Fluss befindet, wird das Wasser von dort aus mit einer Kreiselpumpe, die im Löschfahrzeug ist, angesaugt. Sonst entnimmt man das Löschwasser den Hydranten. Das sind Wasseranschlüsse, die an Straßen und Gehwegen aller Städte und Gemeinden zu finden sind. Ein Tanklöschfahrzeug ist aber stets auch mit einem eigenen großen Wassertank für den sofortigen Einsatz ausgerüstet.

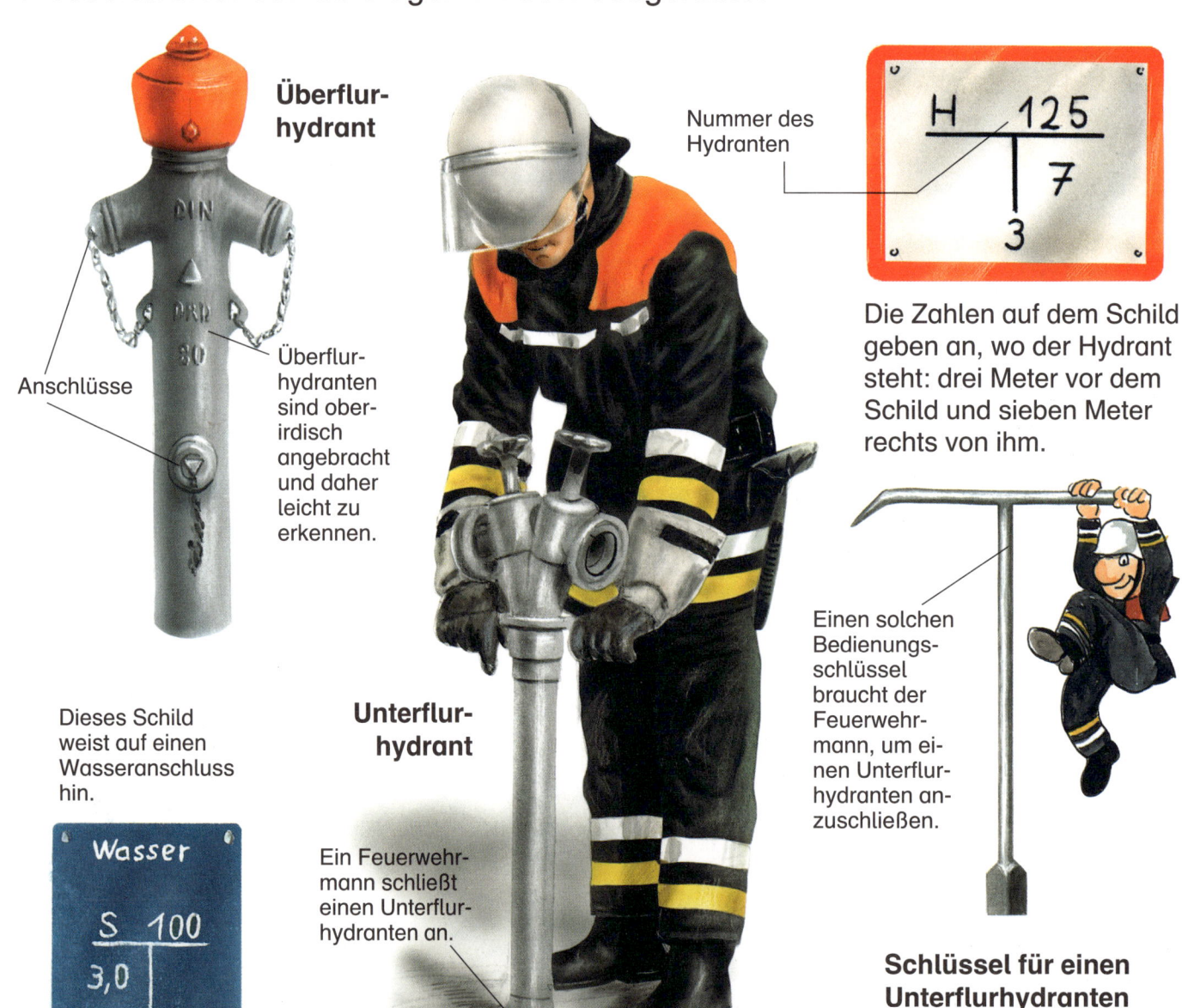

Überflurhydrant

Anschlüsse

Überflurhydranten sind oberirdisch angebracht und daher leicht zu erkennen.

Dieses Schild weist auf einen Wasseranschluss hin.

Unterflurhydrant

Ein Feuerwehrmann schließt einen Unterflurhydranten an.

Nummer des Hydranten

Die Zahlen auf dem Schild geben an, wo der Hydrant steht: drei Meter vor dem Schild und sieben Meter rechts von ihm.

Einen solchen Bedienungsschlüssel braucht der Feuerwehrmann, um einen Unterflurhydranten anzuschließen.

Schlüssel für einen Unterflurhydranten

Was ist ein B-Schlauch?

Schläuche zum Feuerlöschen, so genannte Druckschläuche, bestehen aus beschichtetem textilem Gewebe oder aus Kunstfaser. Je nach ihrer Größe werden sie in die Klassen A, B, C und D unterteilt. Ein B-Schlauch hat einen Durchmesser von etwa 8 cm. Mit Saugschläuchen, die an eine Pumpe angeschlossen werden, wird das Wasser zur Brandstelle gesaugt.

B-Schlauch

Saugrohr mit Kupplungsstück

C-Schlauch mit Strahlrohr

Wie lautet der Befehl zum Löschen?

Wenn alle Schläuche mit den Wasseranschlüssen und Pumpen verbunden sind und alle Feuerwehrleute ihre Position eingenommen haben, gibt der Einsatzleiter oder der Zugführer den Befehl „Wasser marsch!". Wenn ein Brand gelöscht ist, werden die Schläuche zum Trocknen in den Schlauchturm der Feuerwache gehängt.

Werden Feuerwehreinsätze geübt?

Feuerwehrleute müssen bei jedem Einsatz genau wissen, wie sie am schnellsten helfen können. Deshalb wird regelmäßig geübt. In künstlich verqualmten Räumen probt man etwa den Einsatz von Atemschutzgeräten; oder man trainiert an hohen Hausfassaden das Klettern auf Leitern und die Bergung von Verletzten. Sportlich gut in Form zu sein ist ebenso wichtig wie der perfekte Umgang mit der technischen Ausrüstung.

Die Feuerwehrleute üben miteinander das sichere und schnelle Bergen von Verletzten.

Trainingseinsatz mit Atemschutzgerät

Von der sicheren Beherrschung aller Handgriffe kann im Ernstfall das Leben der vom Feuer bedrohten Menschen abhängen.

Sprung in die Tiefe: Rettung mit dem Sprungtuch

Trittsicherheit ist enorm wichtig und muss ständig trainiert werden.

Was bedeutet „Florian"?

Das ist das Kennwort, das bei den Feuerwehren im Funkverkehr verwendet wird. Jedes Fahrzeug hat eine Funkrufnummer, unter der es erreichbar ist, z. B. „Florian 8" oder „Florian 12". Der hl. Florian, auf dessen Namen sich das Kennwort bezieht, ist der Schutzpatron aller durch Feuer oder Wasser in Not geratenen Menschen.

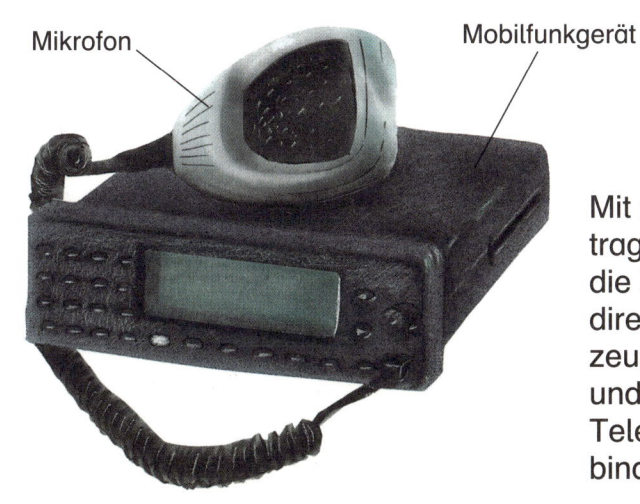

Mikrofon

Mobilfunkgerät

Der hl. Florian wird oft als Ritter mit einem Banner und einem Wasserkübel dargestellt.

Mit modernster Übertragungstechnik können die Feuerwehrleute direkt mit den Fahrzeugen, der Zentrale und sogar mit dem Telefonnetz Verbindungen herstellen.

Hl. Florian

Welchen Wahlspruch hat die Feuerwehr?

Die vielseitigen Aufgaben der Feuerwehr kann man in vier Hauptbereiche einteilen. Das sind: Brandbekämpfung, technische Hilfeleistung, Katastrophenschutz und Rettungsdienst. Deshalb lautet der Wahlspruch der Feuerwehr: „Retten – Löschen – Bergen – Schützen".

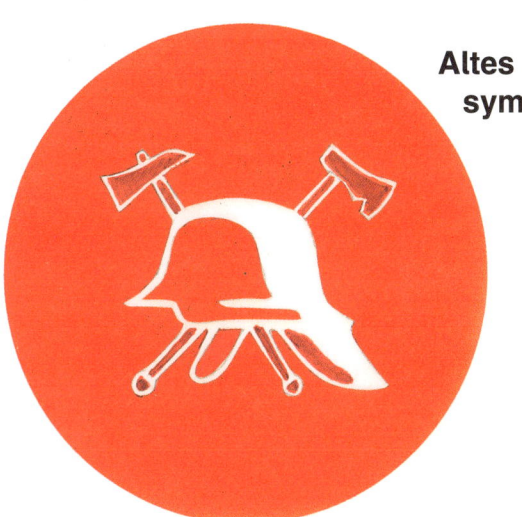

Symbol der Feuerwehr

Altes Feuerwehrsymbol

Dieses Zeichen der Feuerwehr ist seit 1973 gültig. Es stellt ihre vier Hauptaufgabenbereiche dar.

Was gehört alles zur Ausrüstung?

Den normalen Feuerwehrwagen, der zur Brandbekämpfung und für einfache technische Hilfeleistungen eingesetzt wird, nennt man Löschfahrzeug oder Löschgruppenfahrzeug. Art und Menge der Beladung, also Geräte und Ausrüstung, sind genau festgelegt. Zusätzlich gibt es Rüstwagen und Schlauchwagen mit noch viel mehr Material.

9 Schlauchbrücken
1 Schiebeleitern
2 Hydraulikpumpe
3 Krankentrage
4 Verkehrskegel
5 Kabeltrommel
6 Rettungsspreizer
7 Motorsäge
8 Hitzeschutzanzüge
10 Handsprechfunkgerät
11 Handscheinwerfer
12 Atemschutzmaske
13 Warnflagge
14 Axt
15 Brechstange
16 Warnkleidung
17 Pressluftatmer
18 Schaummittelbehälter
19 fahrbare Schlauchhaspel
20 Feuerlöscher
21 Druckschläuche
22 Hydrantenschlüssel
23 Schlaucharmaturen
24 Strahlrohre

Welche Fahrzeuge hat die Feuerwehr?

Für ihre Arbeit benötigt die Feuerwehr viele verschiedene Fahrzeuge. Das Lösch-Hilfe-Leistungsfahrzeug ist eines der wichtigsten, da es für die meisten Einsätze gebraucht wird. Es gibt auch viele Spezialfahrzeuge, die nicht an jeder Feuerwache vorhanden sind. Jedes Fahrzeug wird mit einer bestimmten Abkürzung bezeichnet. So heißt der Einsatzleitwagen „ELW", das Tanklöschfahrzeug „TLF" und der Rettungswagen „RTW".

Lösch-Hilfe- Leistungsfahrzeug (LHF)

Feuerwehrautos kann man leicht erkennen: Sie sind alle rot. Außerdem haben sie bei einem Einsatz immer Vorfahrt, auch an roten Ampeln. Mit Martinshorn und Blaulicht werden die anderen Verkehrsteilnehmer gewarnt. Bei Bränden und Unfällen ist immer ein Rettungswagen mit im Löschzug, an dessen Spitze der Einsatzleitwagen fährt.

Rettungswagen (RTW)

Einsatzleitwagen (ELW)

Kran

Feuerwehrkran (FWK)

Kranführerkabine

Der Feuerwehrkran kommt zum Einsatz, wenn schwere Lasten bewegt werden müssen. Liegen nach einem schweren Sturm entwurzelte Bäume auf einer Straße, so räumt er sie zur Seite, damit der Verkehr wieder ungehindert fließen kann.

Blaulicht

Gerätewagen für die Wasserrettung (GW)

Drehleiterwagen (DLW)

Die ausfahrbare Drehleiter reicht bis in 40 m Höhe.

seitliche Laderäume

Wie kann man Bränden vorbeugen?

Man sollte sich darüber informieren, wie Brände entstehen können und wo besondere Brandgefahren lauern. Sehr oft brechen Brände durch bloße Unachtsamkeit aus. Ein achtlos in den Papierkorb geworfenes glimmendes Streichholz oder ein vergessenes, noch eingeschaltetes Bügeleisen sind häufige Brandursachen. Auch Kurzschlüsse in elektrischen Geräten und Kabelbrände können mitunter Katastrophen auslösen.

Besonders im Haushalt lauern viele Brandgefahren:

1. eingeschaltetes Bügeleisen
2. kaputte Kabel
3. ungesicherte Mülleimer
4. Zigaretten
5. eingeschaltete Herdplatten
6. Spraydosen
7. offene Kamine
8. Silvesterraketen
9. Lampions

Was muss man tun, wenn es brennt?

Wenn ein Feuer einmal entfacht ist, breitet es sich sehr schnell aus. Trotzdem muss man Ruhe bewahren. Über die Notrufnummer 112 erreicht man die Feuerwehr. Man nennt seinen Namen, den Ort, an dem es brennt, und erzählt, was man beobachtet hat. Versuche nie, ein Feuer selbst zu löschen! Hole immer einen Erwachsenen zu Hilfe!

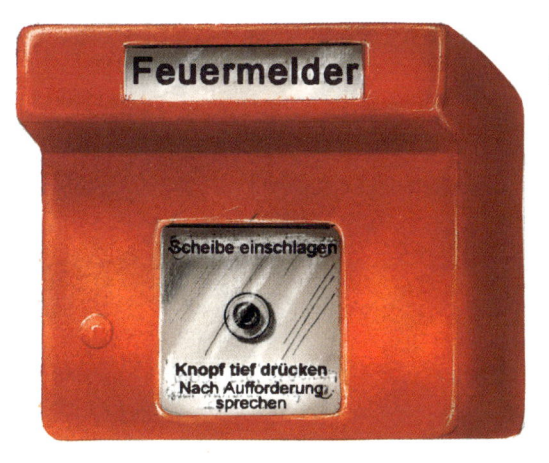

Feuermelder

In jeder Stadt gibt es Feuermelder und Notrufsäulen, über die man die Feuerwehr erreicht.

Notrufsäule

Wie funktioniert ein Feuerlöscher?

Handfeuerlöscher gibt es in verschiedenen Ausführungen. Sie löschen je nach Brand mit Schaum, Pulver oder anderen Chemikalien. Brennt beispielsweise ein Fernseher, muss man einen Feuerlöscher verwenden, der mit einem Pulvermittel löscht. Brennende Flüssigkeiten werden meist mit Schaummitteln erstickt.

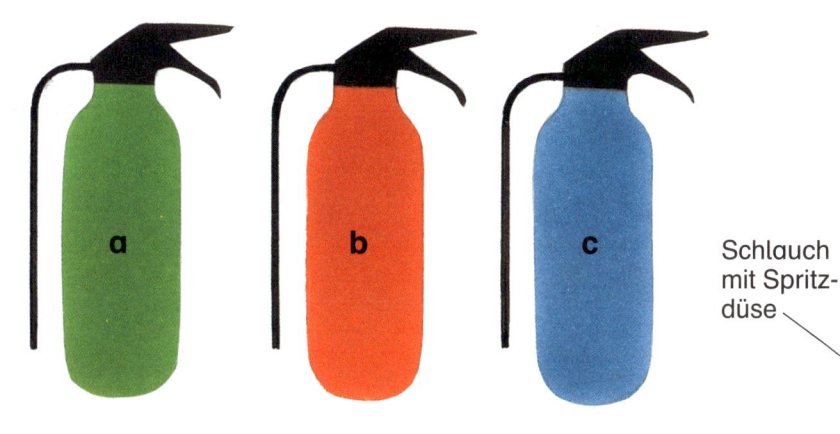

- Betätigungshebel
- Ventil
- Lösch- und Treibmittelbehälter
- Schlauch mit Spritzdüse
- Steigrohr
- druckfester Behälter

a Wasser (nicht bei brennenden Flüssigkeiten und elektrischen Bränden verwenden)
b Schaum (nur zum Löschen von brennenden Flüssigkeiten)
c Pulver (vor allem bei elektrischen Bränden)

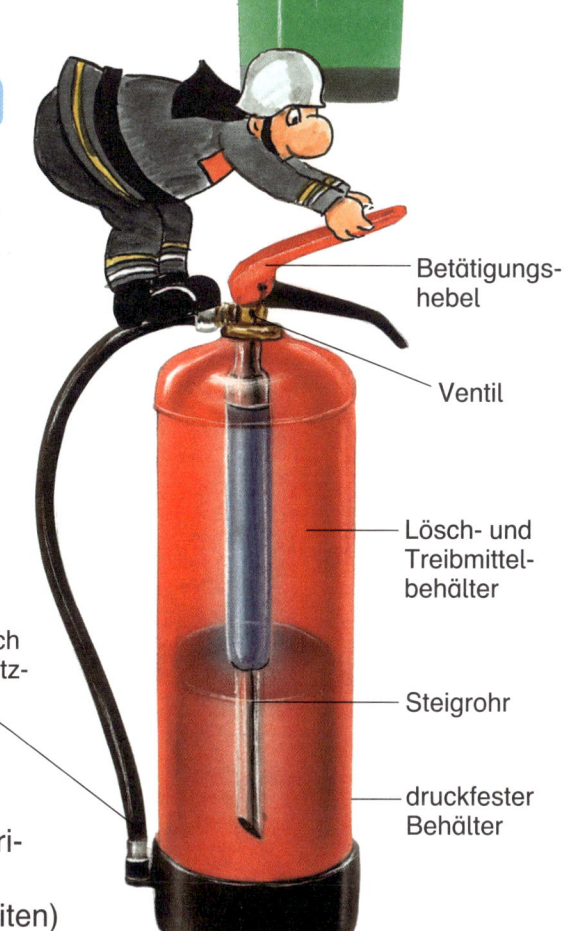

Prüfe dein Wissen!

Zu den Bildern auf dieser Seite wird dir jeweils eine Frage gestellt. Wenn dir die Antwort nicht einfällt, dann suche im Buch einfach die abgebildete Illustration.

Aus welchem Material ist der Schutzanzug?

Was zeigt diese Abbildung?

Welches Gerät ist das?

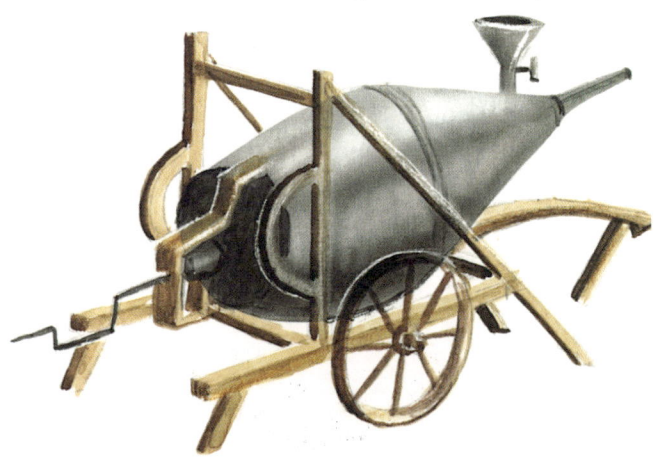

Aus welchem Jahr stammt die Feuerspritze?

Was macht dieser Feuerwehrmann?

Welches Fahrzeug ist das?

Welchen Schutzanzug trägt dieser Feuerwehrmann?

Was tun die Feuerwehrmänner?

Wo wird dieses Fahrzeug eingesetzt?

Wozu dient ein Druckschlauch?

Register

Abseilen 53
Alarm 58
Aluminium 51
Angriffstruppführer 60
Aquädukt 47
Atemschutzgerät 51, 72
Aufgaben der Feuerwehr 73
Ausrüstung 50, 74, 75
Axt 75
Benzin 46
Berufsfeuerwehr 52
Blaulicht 60
Brandgefahr 78
Brandvorbeugung 78
Brechstange 75
Brunnen 49
Chemieanzug 51
Drehleiterfahrzeug 60, 77
Druckschlauch 71
Eimerkette 48, 49
Einsatzkleidung 50, 51
Einsatzleiter 71
Einsatzleitstelle 56, 58, 59
Einsatzleitwagen 60, 76
Einsatzmannschaft 61
Einsatzort 59, 60
Einsatzplan 58
Erdrutsch 63
Fahrzeughalle 57
Feuerlöschboot 67
Feuerlöscher 75, 79
Feuermelder 79
Feuerspritze 49
Feuerwache 52, 55, 56, 57, 71
Feuerwehr, freiwillige 54
Feuerwehr, schwimmende 66, 67
Feuerwehranwärter 53
Feuerwehrfahrzeuge 59, 76, 77
Feuerwehrkran 77
Feuerwehrrecht 53
Feuerwehrschiff 66, 67
Florian, heiliger 73
Fluchtweg 58
Flughafenfeuerwehr 68, 69
Flugzeug 68, 69
Froschmann 62
Funkantennenanlage 57
Funkverkehr 73
Gerätekunde 53
Gerätewagen 77
Grundausbildung 53
Gruppenführer 61
Handscheinwerfer 75

Handschuhe 50
Handsprechfunkgerät 75
Hitzeschutzanzug 75
Hundeführer 63
Hydrant 70
Hydraulikpumpe 75
Jugendfeuerwehr 55
Kabeltrommel 75
Krankentrage 75
Kreiselpumpe 70
Lawinenunglück 63
Löschangriff 60
Löschbefehl 71
Löschfahrzeug 60, 74
Löschflugzeug 64, 65
Löschgruppenfahrzeug 74
Löschwasser 70
Löschzug 60
Mannschaft 60
Martinshorn 60
Maschinist 61
Melder 61
Mittelalter 48
Mobilfunkgerät 73
Motorsäge 75
Nachtwächter 48
Nackenschutz 50
Notlandung 69
Notrufnummer 58, 79
Notrufsäule 79
Ölbrand 67
Ölpest 63
Öltanker 66
Ölteppich 63
Ölunfall 54, 63
Piepser 55
Pressluftatmer 75
Rettung 60
Rettungsspreizer 75
Rettungswagen 61, 76
Rettungsweg 58
Rom, altes 47
Rüstwagen 74
Rutschstange 56
Saugschlauch 71
Säureanzug 51
Schaumkanone 66, 67
Schaumlöschkanone 68, 69
Schaummittelbehälter 75
Schaumteppich 68, 69
Schiebeleiter 75
Schiffsunglück 62, 66, 67
Schlauch 50, 57, 71

Schlaucharmaturen 75
Schlauchbrücke 75
Schlauchtruppführer 60
Schlauchturm 71
Schlauchwagen 74
Schnellschließgürtel 50
Schutzhelm 50
Schutzkleidung 47, 50
Sicherheitsleuchtstreifen 50
Sirene 55
Sklave, römischer 47
Sprungtuch 72
Stiefel 50
Strahlrohr 71, 75
Straßensicherung 51
Suchhund 63
Tanklöschfahrzeug 60, 61, 70
Tankwagenunfall 46
Taucher 62
Truppführer 61
Truppmänner 61
Überschwemmung 46, 62
Übung 53, 72
Umweltkatastrophe 46
Verkehrskegel 75
Wahlspruch 73
Waldbrand 64, 65
Warnflagge 75
Warnkleidung 51, 75
Wasserversorgung 60
Zugführer 61

Die Polizei

Inhalt

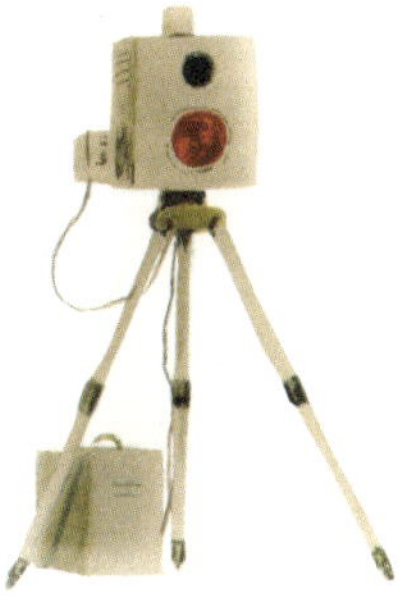

Wann gab es die erste Polizei? 84
Wie sieht ein Polizist heute aus? 86
Welche Ausrüstung braucht ein Polizist? 88
Welche Aufgaben hat die Polizei? 90
Was ist eine Polizeiwache? 92
Was macht die Einsatz-Zentrale? 94
Wofür ist die Verkehrspolizei da? 96
Was macht die Polizei in der Luft? 98
Wo gibt es eine Wasserschutzpolizei? 100
Was sind Spezialeinheiten? 102
Wie wird man Polizist? 104
Welche Fahrzeuge hat die Polizei? 106
Was gehört in den Funkstreifenwagen? 108
Welche Art von Polizei gibt es noch? 110
Wann hat die Polizei Tiere im Einsatz? 112
Braucht auch die Polizei Hilfe? 114
Sieht die Polizei überall gleich aus? 116
Prüfe dein Wissen! 118
Register 120

Wann gab es die erste Polizei?

Schon vor tausenden von Jahren gab es eine Polizei. Hinweise dafür fand man z. B. in Schriftrollen der alten Ägypter. Um friedlich miteinander leben zu können, schufen die Menschen Regeln und Gesetze und sorgten dafür, dass diese Regeln auch eingehalten wurden. Allmählich entstand so bei den einzelnen Völkern eine Polizei, die für die Wahrung von Recht und Ordnung und die Sicherheit der Bürger zuständig war.

Rutenbündel mit Beil als Zeichen der Amtsgewalt

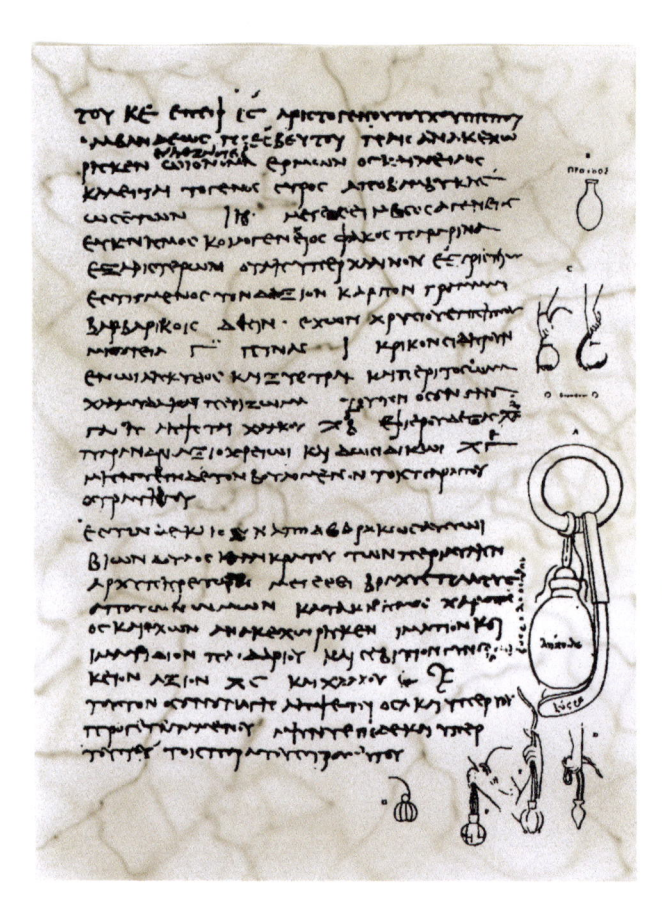

Römischer Liktor
Liktoren nannte man um 400 v. Chr. römische Beamte, die Polizeibefugnisse hatten.

Steckbrief aus Alexandrien
Mit diesem Steckbrief aus der Zeit um 145 v. Chr. wurden zwei entflohene Sklaven gesucht, die Goldmünzen und Perlen gestohlen hatten. Auf Hinweise zu ihrer Ergreifung war eine Belohnung ausgesetzt.

Ägyptische Polizeistation
Diese Schriftzeichen (Hieroglyphen) von ungefähr 1350 v. Chr. beschreiben so etwas wie eine altertümliche Polizeistation. Sie stellen ein Haus dar, das Waffen, Kleidung und Proviant für die örtliche Polizeitruppe beherbergte.

Woher stammt das Wort „Polizei"?

Das Wort „Polizei" geht auf das griechische „politeia" zurück. Das bedeutet ursprünglich „Staatsverwaltung" oder „Bürgerrecht". In Deutschland wird die Polizei erstmals 1530 erwähnt. Damals nannte man die Polizisten aber noch anders, nämlich Stadtwächter, Torwächter, Richtersknechte, Zöllner, Landreiter oder Büttel.

Richtersknecht

So sah ein Richtersknecht im 16. Jahrhundert aus. Damals galt die Aufmerksamkeit der Polizisten vor allem Bettlern und Landstreichern.

Polizeiverordnung aus dem Jahr 1582

Wie sahen Polizisten früher aus?

Die Polizisten hatten anfangs noch keine einheitlichen Uniformen. Etwa um 1750 wurden militärische Sicherheitsgruppen, die Polizei-Miliz, gegründet. Das waren Soldaten, die Uniformen trugen. Allmählich entwickelten sich daraus Polizeitruppen mit eigenen Uniformen.

So sah die erste Uniform des königlich bayerischen Gendarmeriekorps aus, das 1812 gegründet wurde. Ein Gendarmeriekorps war eine ländliche Polizeitruppe.

Wie sieht ein Polizist heute aus?

Die Kleidung der Polizei richtet sich nach dem Einsatzbereich. So tragen Polizisten, die Motorrad fahren, eine Lederkombination und Piloten der Hubschrauberstaffel einen grünen Flieger-Overall. Die Wasserschutzpolizei hat eine dunkelblaue Uniform und unterscheidet sich so von der grünen Uniform der sonstigen Polizei. Im Lauf der Zeit hat sich das Aussehen der Polizeiuniformen immer wieder geändert.

- moderner Fahrradhelm
- Pickelhaube aus Stahl
- Schirmmütze mit silbernem Band
- Schirmmütze mit grünem Band

Seit 1980 gibt es auch Frauen im Schutzpolizeidienst.

Uniform einer Fahrradstreife — **Uniform von etwa 1890** — **heutige Dienstuniform** — **Dienstuniform für Polizistinnen**

Welche Spezialkleidung gibt es?

Für verschiedene Aufgabenbereiche gibt es spezielle Kleidung und Schutzanzüge. Die Polizei hat beispielsweise eine Umweltschutzgruppe, die für ihre Arbeit Gas- und Chemikalienschutzanzüge braucht. Und die Polizeitaucher benötigen natürlich Taucheranzüge. Darüber hinaus gibt es für besondere Einsätze Schutzwesten, Schutzhelme, Stiefel, Handschuhe und vieles mehr.

Schutzhandschuhe

Beim Transport von Giftstoffen oder anderen gefährlichen Gütern passieren manchmal Unfälle. Dann kommen speziell ausgebildete Polizisten in Schutzanzügen zum Einsatz. Hier wird ein leckgeschlagenes Fass gesichert.

Hubschrauberpilot im grünen Flieger-Overall

Schutzglas

Diese Polizistin muss durch ein Feuer springen. Ihr Einsatzanzug besteht aus einem flammenhemmenden Material.

Chemikalienschutzanzug

Schutzweste

Feuerschutzanzug

Bei gefährlichen Einsätzen tragen Polizisten solche schusssicheren Schutzwesten. Es gibt auch leichtere Westen für Schlag- und Stichschutz.

Welche Ausrüstung braucht ein Polizist?

Zu seiner Dienstkleidung gehört immer eine Pistole, die in einer Ledertasche steckt und an seinem Gürtel befestigt ist. An dem Gürtel befinden sich weitere kleine Taschen, in denen allerlei nützliche Dinge wie Handfesseln oder Funkgeräte untergebracht werden können. Bei der Bereitschaftspolizei, die auch bei Demonstrationen eingesetzt wird, gehören auch Schutzschilder, Helme, Körper- und Beinschutz zur Ausrüstung.

- Schirmmütze
- Schulterklappe
- In einer Brusttasche befindet sich immer ein Notizblock.
- Dienstwaffe
- Funkgerät
- Reizstoffsprühgerät
- Handfessel

Vieles, was ein Polizist benötigt, trägt er an seinem Gürtel. So hat er die Hände frei, kann aber im Ernstfall schnell zur Pistole, zum Reizstoffsprühgerät oder zur Handfessel greifen.

- Handfessel
- Gummiknüppel

Magazintasche
In der Magazintasche wird die Pistolenmunition untergebracht. Auch die Tasche wird am Gürtel getragen.

Funkgerät
Das Funkgerät ist immer dabei. Damit ist ein Polizist stets erreichbar und kann notfalls selbst Hilfe erbitten.

Gummiknüppel
Der Schlagstock wird eingesetzt, wenn die Anordnungen der Polizei nicht befolgt werden.

Handfessel
Wer festgenommen wird und zu fliehen versucht oder wer randaliert, dem wird eine Handfessel angelegt.

Was bedeutet GSOD?

Den Einsatz der Polizei bei Demonstrationen und anderen Großveranstaltungen nennt man den „Großen Sicherheits- und Ordnungsdienst". Er wird abgekürzt als „GSOD" bezeichnet. Dafür brauchen die Polizisten eine umfangreiche Ausrüstung, die ein wenig an eine Ritterrüstung erinnert. Allerdings besteht die moderne „Rüstung" der Polizei aus schlagfestem Kunststoff.

Kinn- und Mundschutz

Armschutz

Atemschutzmaske

Räum- und Abdrängstock

Einsatztasche
In der Einsatztasche findet die gesamte Ausrüstung Platz.

Visier
Schutzhelm
Kinnschutz

Reizstoffbrille

Die Schlagschutz- oder Körperschutzweste besteht aus festem Kunststoff.

durchsichtiger Schutzschild

Beinschutz

Springerstiefel
Die Stiefel sind aus Leder gemacht.

GSOD-Ausrüstung
So sieht ein Polizist aus, wenn er seine Ausrüstung für den großen Sicherheits- und Ordnungsdienst angelegt hat.

Welche Aufgaben hat die Polizei?

Wird eine Bank überfallen, ein Juweliergeschäft ausgeraubt, ein Kind vermisst oder jemand bei einem Autounfall verletzt, schon rast die Polizei mit Blaulicht heran. Sie sichert den Unfallort, sucht Spuren und befragt Zeugen. Aufgabe der Polizei ist es, für die Sicherheit der Bürger zu sorgen und sie vorbeugend vor Gefahren zu schützen. Sie ist aber auch im Umweltschutz aktiv und hilft bei der Verkehrserziehung der Kinder.

Ein Polizeibeamter hat mit Unterstützung eines Diensthundes eine verdächtige Person gestellt und durchsucht sie nach Waffen.

Wenn ein Verkehrsunfall passiert ist, stellt die Polizei den Unfallhergang fest, notiert die Personalien und Schäden und fertigt vom Unfallort eine Skizze an. Falls nötig, alarmiert sie Feuerwehr und Notarzt.

Der Polizeihund hält den Verdächtigen in Schach.

Was macht die Kriminalpolizei?

Man unterscheidet bei der Polizei zwei große Bereiche: Schutzpolizei und Kriminalpolizei. Im Gegensatz zur Schutzpolizei tragen Kriminalpolizisten keine Uniform. Sie haben meist mit schweren Verbrechen wie z. B. Raub, Mord, Betrug oder Brandstiftung zu tun. Solche Verbrechen muss die Kriminalpolizei aufklären und die Täter aufspüren, damit diese von einem Gericht bestraft werden.

Dienstmarke

Mit solchen Polizeimarken weisen sich Kriminalbeamte aus.

Gewehr

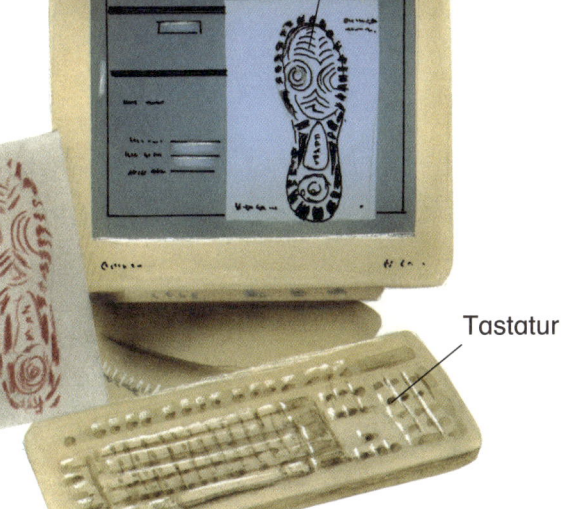

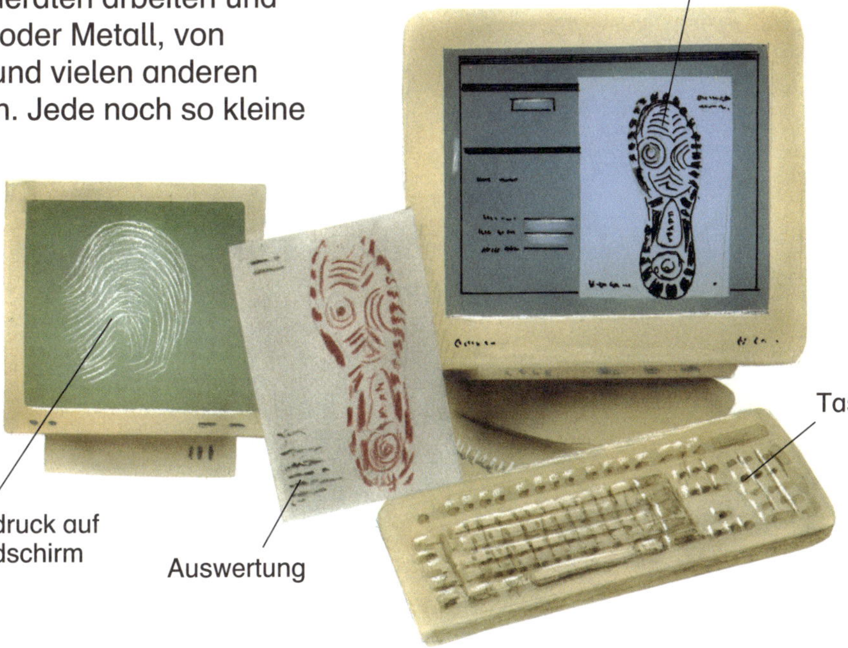

Munition

Ein Spezialist des Landeskriminalamtes überprüft, aus welcher Waffe ein Geschoss stammt.

Was macht die Spurensicherung?

Fast jeder Verbrecher hinterlässt bei seiner Tat Spuren. Deshalb hat die Kriminalpolizei Spezialisten, die mit hoch entwickelten technischen Geräten arbeiten und Spuren auf Papier, Glas, Plastik oder Metall, von Schusswaffen oder Sprengstoff und vielen anderen Dingen ausfindig machen können. Jede noch so kleine Spur kann zur Aufklärung eines Verbrechens führen.

Fuß- und Fingerabdrücke können heute am Computer schnell überprüft und verglichen werden.

eingescannter Fußsohlenabdruck

Tastatur

Fingerabdruck auf dem Bildschirm

Auswertung

Was ist eine Polizeiwache?

Als Polizeiwache bezeichnet man das Büro, in dem die Polizisten ihren Innendienst tun. Manchmal wird es auch Revier genannt. So heißt auch der gesamte Stadtbereich, für den die Polizisten zuständig sind. Von der Wache aus nehmen die Polizisten zu Fuß, mit dem Mountainbike oder dem Funkstreifenwagen ihre Kontrolltätigkeiten in der Stadt auf. Man sagt, die Polizisten gehen oder fahren Streife.

Streifenführerin

Fahrer

Polizeistreifen sind in ihren Funkstreifenwagen immer zu zweit unterwegs: ein Fahrer und ein Streifenführer.

Wie sieht es in einer Polizeiwache aus?

Im Eingangsbereich befindet sich ein Tresen, der einem hohen Ladentisch ähnelt. Dahinter ist der Wachraum mit Funktisch und Telefonen. Es gibt Schreib- und Vernehmungsräume, einen Verkehrsunfallraum, einen Arztraum, eine Küche und einen Aufenthaltsraum sowie einen Raum, in dem sichergestellte Tatwerkzeuge und Waffen aufbewahrt werden. Außerdem gibt es Zellen für vorübergehend festgenommene Personen.

Am Tresen nimmt ein Polizist eine Schadensmeldung auf.

Aktenschrank

Tresen

Was geschieht in einer Polizeiwache?

Ein Mann erstattet Anzeige, weil sein Auto verbeult wurde. Eine Mutter vermisst ihr Kind und meldet dies. Ein Schüler zeigt den Diebstahl seines Fahrrades an, und ein angetrunkener Autofahrer wird zur Blutprobe hereingebracht: So sieht der alltägliche Polizeidienst in einer Wache aus. Die Polizisten sitzen an den Computern und schreiben Berichte, nehmen Anzeigen auf oder telefonieren mit anderen Dienststellen.

Straßenkarte

Landesabzeichen

Mikrofon

Der wachhabende Beamte sitzt am Funktisch, wo er auch Notrufe entgegennehmen kann.

Was macht die Einsatz-Zentrale?

Wählt man die Notrufnummer 110, so erreicht man die Einsatz-Zentrale der Polizei, denn bei ihr gehen alle Notrufe ein. Die Polizisten arbeiten hier im Wechsel rund um die Uhr. Alle Einsätze der Funkstreifenwagen werden von der Einsatz-Zentrale aus geplant. Es gibt direkte Verbindungen zur Feuerwehr und zu anderen Hilfsorganisationen. Ferngesteuerte Fernsehkameras übermitteln über ein Kabelnetz aktuelle Bilder von wichtigen Verkehrsknotenpunkten.

Über diesen Bildschirm können die Einsätze gesteuert werden.

Notrufabfragegerät mit Berührungsbildschirm

Hier werden alle Anrufe aufgenommen und für 24 Stunden gespeichert.

Monitor für die Einsatzbearbeitung

Auf diesem Bildschirm laufen Informationen von anderen Dienststellen ein.

Kopfhörer mit Mikro

Einsatzleitpult

Wo werden die Ampeln geschaltet?

Neben der Einsatz-Zentrale gibt es die Verkehrsleitzentrale. Hier regelt computergesteuerte Technik fast alle Ampelanlagen der Stadt. Je nach Dichte des Verkehrs steuern die Computer die Zeitabstände, in denen die Ampeln von Rot auf Grün schalten. Die Mitarbeiter überwachen auf vielen Bildschirmen das Verkehrsgeschehen und können von ihrem Platz aus auch die Ampelschaltung steuern.

Monitorwand zur Überwachung des Verkehrs

Polizeibeamte geben rund um die Uhr Verkehrsmeldungen an die Rundfunkanstalten durch.

Notrufabfragegerät

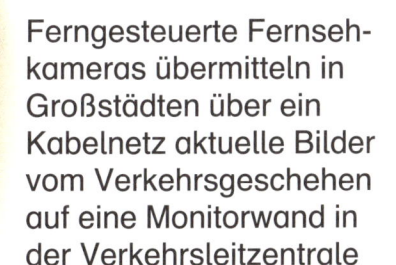

Verbindung zur Einsatz-Zentrale

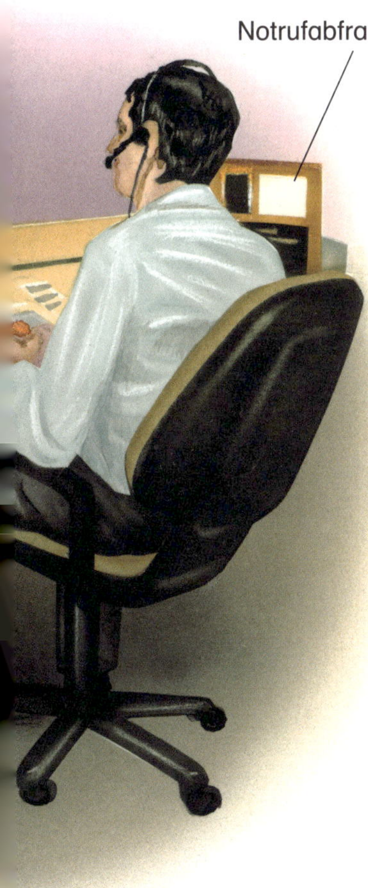

Ferngesteuerte Fernsehkameras übermitteln in Großstädten über ein Kabelnetz aktuelle Bilder vom Verkehrsgeschehen auf eine Monitorwand in der Verkehrsleitzentrale der Polizei.

Woher kommen die Verkehrsmeldungen?

Der Verkehrswarndienst der Polizei dient der Unfallverhütung und der Sicherheit im Straßenverkehr. Der Warndienst erhält seine Informationen von Straßenverkehrsbehörden, Wetterämtern und anderen Dienststellen, aber auch von Funkstreifenwagen oder dem Polizeihubschrauber, wenn z. B. Verkehrsunfälle vorliegen. Diese Verkehrsmeldungen werden an die Rundfunkanstalten weitergeleitet. Nur wenig später kann man sie dann im Radio hören.

Wofür ist die Verkehrspolizei da?

Aufgaben der Verkehrspolizei sind die Regelung und Überwachung des Verkehrs sowie die Unfallverhütung und die Verkehrserziehung. Verkehrspolizisten kontrollieren, ob die Verkehrsvorschriften eingehalten werden und die Fahrzeuge sicher sind. Sie sichern Gefahrenstellen, begleiten Sondertransporte, überprüfen Anhalter, leisten erste Hilfe bei Unfällen oder erforschen Unfallursachen. Manchmal stoßen sie auch auf falsche Kennzeichen oder Kfz-Papiere, dann leiten sie Personen- oder Sachfahndungen ein.

Straßenkontrolle
Bei einer Straßenkontrolle überprüft die Polizei die Personalien und die Kraftfahrzeugpapiere. Oft macht sie auch einen Alkoholtest.

Anhaltekelle

Ein Polizist stellt die Personalien der Fahrerin fest.

Verkehrsleitkegel

Wer erhält Verkehrserziehung?

Besonders geschulte Polizeibeamte erteilen in Schulen und Kindergärten Verkehrsunterricht, besuchen Betriebe und stehen auch älteren Menschen mit Rat und Tat im Straßenverkehr zur Seite. Auf Verkehrsübungsplätzen können Kinder und Jugendliche mit dem Fahrrad oder dem Skateboard üben, um Gefahrensituationen vorzubeugen.

Ein gut sitzender Sturzhelm ist beim Fahrradfahren unerlässlich.

Verkehrsleitkegel

Polizisten trainieren mit Kindern und Jugendlichen sicheres Verkehrsverhalten und Geschicklichkeit.

Wie funktioniert die Radarkontrolle?

Zu schnelles Fahren ist die Hauptursache von Unfällen. Daher führt die Verkehrspolizei Geschwindigkeitskontrollen durch. Dafür benutzt sie Lichtschrankenmessgeräte, Handmessgeräte und Radargeräte. Radar bedeutet Funkmesstechnik. Mithilfe elektromagnetischer Wellen werden Entfernungen gemessen, und daraus wird die gefahrene Geschwindigkeit errechnet. Fährt ein Autofahrer zu schnell, blitzt eine Kamera: Der Schnellfahrer wird fotografiert.

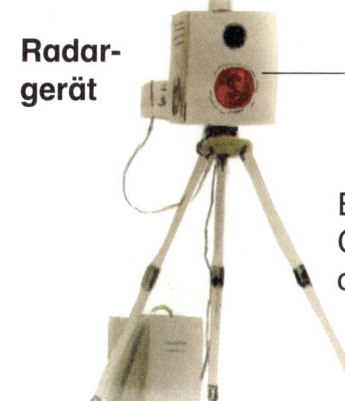

Handmessgerät

Radargerät

Kamera mit Blitzlicht

Es gibt transportable und feste Geschwindigkeitsüberwachungsanlagen. Handmessgeräte werden im Umfeld von Schulen, Kindergärten, Krankenhäusern und Wohngebieten eingesetzt.

Was macht die Polizei in der Luft?

Auch aus der Luft sorgt die Polizei für Sicherheit. Polizeihubschrauber suchen über unwegsamem Gelände nach Vermissten oder Straftätern. Sie beobachten den Verkehr auf den Autobahnen und Wasserstraßen oder helfen der Wasserschutzpolizei, wenn es zu Verschmutzungen von Gewässern gekommen ist. Die Polizeipiloten befördern auch Spezialisten wie Taucher oder Sprengstoffexperten. Sie transportieren Blutkonserven, Medikamente und Spezialgeräte und helfen bei der Rettung von Verletzten.

Zur Ausrüstung eines Polizeihubschraubers gehören auch Scheinwerfer und Wärmebildkamera für die Suche nach Vermissten oder flüchtenden Tätern bei Nacht. Zur Bergung Verletzter ist auch eine Winde an Bord.

Rotorblatt

Cockpit

Mit diesen Hebeln wird der Kurs eingestellt.

Pedale zur Bedienung des Heckrotors. Damit wird die Flugrichtung verändert.

Hebel für das Auf- und Abwärtssteuern

Landekufe

Hubschrauber	Bo 105
Höchstgeschwindigkeit	259 km/h
Steigleistung	9 m/s
Gipfelhöhe	5 175 m
Reichweite	586 km
Flugdauer	3:36 Std

Zweiblatt-Heckrotor

Hecksporn

Weil Hubschrauber auch langsam fliegen können, sind sie für die Polizei ein ideales Hilfsmittel bei der Verkehrsüberwachung oder bei Suchaktionen.

Höhenleitwerk

Endplatte

Hubschrauber können vorwärts, rückwärts und seitwärts fliegen oder bewegungslos über dem Erdboden schweben.

Hubschrauber können fast überall starten und landen.

Funkgerät

Lagebesprechung
Der Polizeipilot und zwei Streifenbeamte stimmen sich bei der Lagebesprechung für eine Fahndungsaktion ab. Wenn die Vorgehensweise klar ist, kann der Pilot starten.

Wo gibt es eine Wasserschutzpolizei?

Auf allen Seefahrts- und Wasserstraßen, so nennt man von Schiffen befahrene Gewässer, gibt es auch eine Wasserschutzpolizei. Sie bildet eine besondere Abteilung der Schutzpolizei. Polizisten in dunkelblauen Uniformen überwachen den Schiffsverkehr, kontrollieren die Einhaltung der Sicherheitsvorschriften von Schiffen und ihre Besatzungen. Dabei sind die Polizisten nicht nur mit ihren Booten auf dem Wasser unterwegs. Mit Funkstreifenwagen fahren sie auch auf Uferanlagen Streife.

Polizeieinsatzboot

Zwei Wasserschutzpolizisten fahren in einem Schlauchboot mit Außenbordmotor vom Polizeieinsatzboot zu einem Einsatz am Strand.

Schlauchboot

Welche Aufgaben gibt es auf dem Wasser?

Die WSP, das ist die Abkürzung für Wasserschutzpolizei, hat einen großen Aufgabenbereich. Die Überwachung der Fischerei, des Wassersports und Badebetriebs gehört ebenso dazu wie die Kontrolle von Schiffen mit gefährlichen Gütern oder von Fahrgastschiffen. Eine besondere Rolle spielt der Umweltschutz. Hier erhält die WSP auch Hilfe aus der Luft. Vom Hubschrauber aus sind Ölteppiche auf dem Wasser nämlich leichter zu erkennen.

Fernglas

Anlegeverbot

Geschwindigkeit 12 Knoten

Segelboote erlaubt

Auch für den Schiffsverkehr gibt es Verkehrszeichen.

Ein Wasserschutzpolizist beobachtet ein verdächtiges Schiff.

Was macht die Polizei unter Wasser?

Um Diebesgut oder Waffen zu bergen, muss die Polizei gelegentlich auch unter Wasser fahnden. Das machen speziell ausgebildete Taucher, die auch handwerkliche und technische Fähigkeiten besitzen. Denn bei manchen Schiffsunfällen müssen die Taucher unter Wasser erst Schiffsteile zerlegen, um Gegenstände bergen oder Menschen retten zu können. Die Taucher bilden eine Abteilung innerhalb der Bereitschaftspolizei.

Tauchermaske
Schnorchel
Rettungsweste
Gürtel mit Gewichten

Spezialboot für Taucheinsätze

Alle Taucher sind geübte Rettungsschwimmer.

Messer

Flossen

Was sind Spezialeinheiten?

Für die Bekämpfung von Gewaltverbrechen und Terrorismus gibt es Spezialeinheiten. Weil deren Arbeit oft sehr gefährlich ist, kommen nur Polizisten zum Einsatz, die sich freiwillig für eine solche Einheit entschieden haben. Beamte des Spezialeinsatzkommandos (SEK) z. B. beobachten Personen, die verdächtigt werden, schwere Straftaten begangen zu haben. Das nennt man „observieren". Manchmal müssen sie auch Menschen, die von Verbrechern gefangen gehalten werden, befreien.

Um fit zu bleiben, müssen die Spezialeinheiten ihre Einsätze immer wieder trainieren. Hier üben sie die Befreiung von Geiseln aus einem besetzten Haus. Jeder Polizist hat dabei eine bestimmte Aufgabe, die er im Ernstfall zuverlässig erfüllen muss.

Ein Polizist dringt durch ein Fenster in ein Haus ein, während ein anderer ihn mit dem Gewehr im Anschlag absichert.

Was bedeutet MEK?

MEK ist die Abkürzung für „Mobiles Einsatzkommando". Die Polizisten dieser Einheit werden in einer monatelangen zusätzlichen Spezialausbildung auf ihre Aufgaben vorbereitet. Ebenso wie das SEK wird das MEK zur Bekämpfung von Schwerstkriminalität und organisiertem Verbrechen eingesetzt.

Unter dem Overall tragen die Polizisten eine Schutzweste.

Schutzhelm mit Visier

Pistole

Die Polizisten des Mobilen Einsatzkommandos werden nur bei besonders gefährlichen Aktionen eingesetzt.

Ein Polizist des Mobilen Einsatzkommandos hangelt sich über einen Fluss hinweg.

Ein bewaffneter Verbrecher wird überwältigt und entwaffnet.

Kampfsportarten und Selbstverteidigungstechniken werden ständig geübt.

Die Polizisten der Spezialeinheiten müssen geistig und körperlich gut in Form und immer sehr belastbar sein, weil sie bei ihren Einsätzen meist großen Gefahren ausgesetzt sind.

Wie wird man Polizist?

Wer Polizist werden will, muss eine Polizeischule besuchen. Aufnahmevoraussetzung ist ein mittlerer Bildungsabschluss und ein Mindestalter von 16 Jahren. Männer sollen mindestens 165 cm und Frauen 160 cm groß sein. Ein Arzt stellt fest, ob man polizeidiensttauglich ist. Der Unterrichtsplan ist umfangreich: Strafrecht, Verkehrsrecht, Polizeirecht und Kriminalistik sind nur einige der Fächer, die man neben der praktischen Ausbildung absolvieren muss. Die Grundausbildung dauert zweieinhalb Jahre.

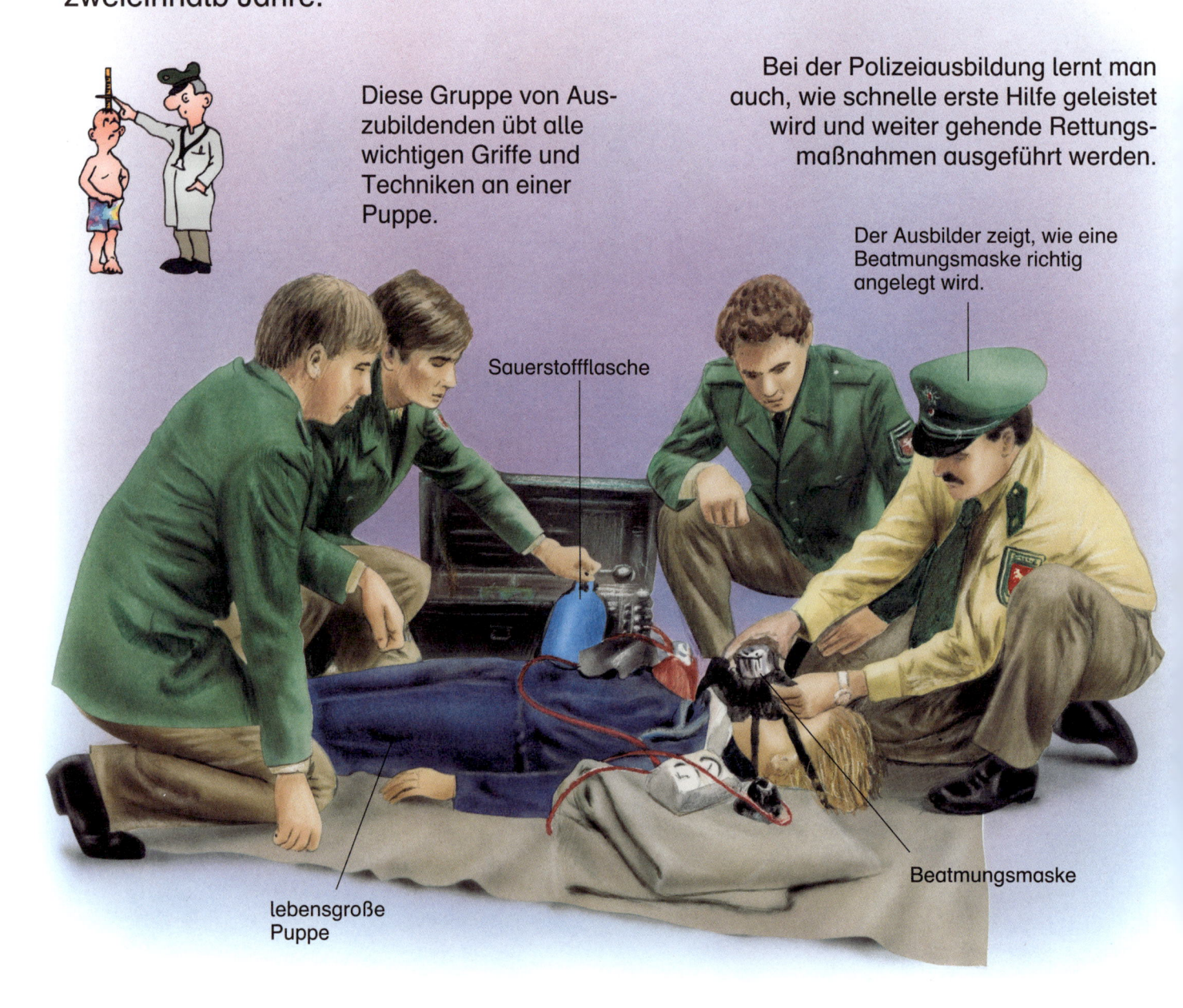

Diese Gruppe von Auszubildenden übt alle wichtigen Griffe und Techniken an einer Puppe.

Bei der Polizeiausbildung lernt man auch, wie schnelle erste Hilfe geleistet wird und weiter gehende Rettungsmaßnahmen ausgeführt werden.

Der Ausbilder zeigt, wie eine Beatmungsmaske richtig angelegt wird.

Sauerstoffflasche

lebensgroße Puppe

Beatmungsmaske

Was bedeuten die Dienstgrad-Abzeichen?

Die Beamtinnen und Beamten der Schutzpolizei tragen Uniform. An den unterschiedlichen Abzeichen, die sie tragen, kann man den Dienstgrad oder Rang erkennen. Polizeidienst kann in der mittleren, der gehobenen oder der höheren Laufbahn geleistet werden. Wer z. B. Polizeikommissar in der gehobenen Laufbahn werden will, muss ein Fachhochschulstudium absolvieren.

Polizeimeister — **Obermeister** — **Hauptmeister** — **Kommissar** — **Oberkommissar**

Hauptkommissar — **Erster Hauptkommissar** — **Rat** — **Oberrat** — **Direktor**

Leitender Direktor (A16) — **Leitender Direktor (B3)** — **Landespolizeidirektor**

Polizisten, die goldene Sterne tragen, sind Beamte des höheren Polizeidienstes. Sie haben ein Hochschulstudium absolviert und müssen besondere Laufbahnprüfungen ablegen.

Welche Fahrzeuge hat die Polizei?

Das am häufigsten benutzte Fahrzeug ist natürlich der Funkstreifenwagen. Die Polizeidienststellen haben verschiedene PKW-Typen im Einsatz. Neben den Funkstreifenwagen gibt es aber noch viele andere Fahrzeuge. Dazu gehören Transporter, Autobusse, LKWs und einige andere Spezialfahrzeuge wie gepanzerte Sonderwagen oder Wasserwerfer.

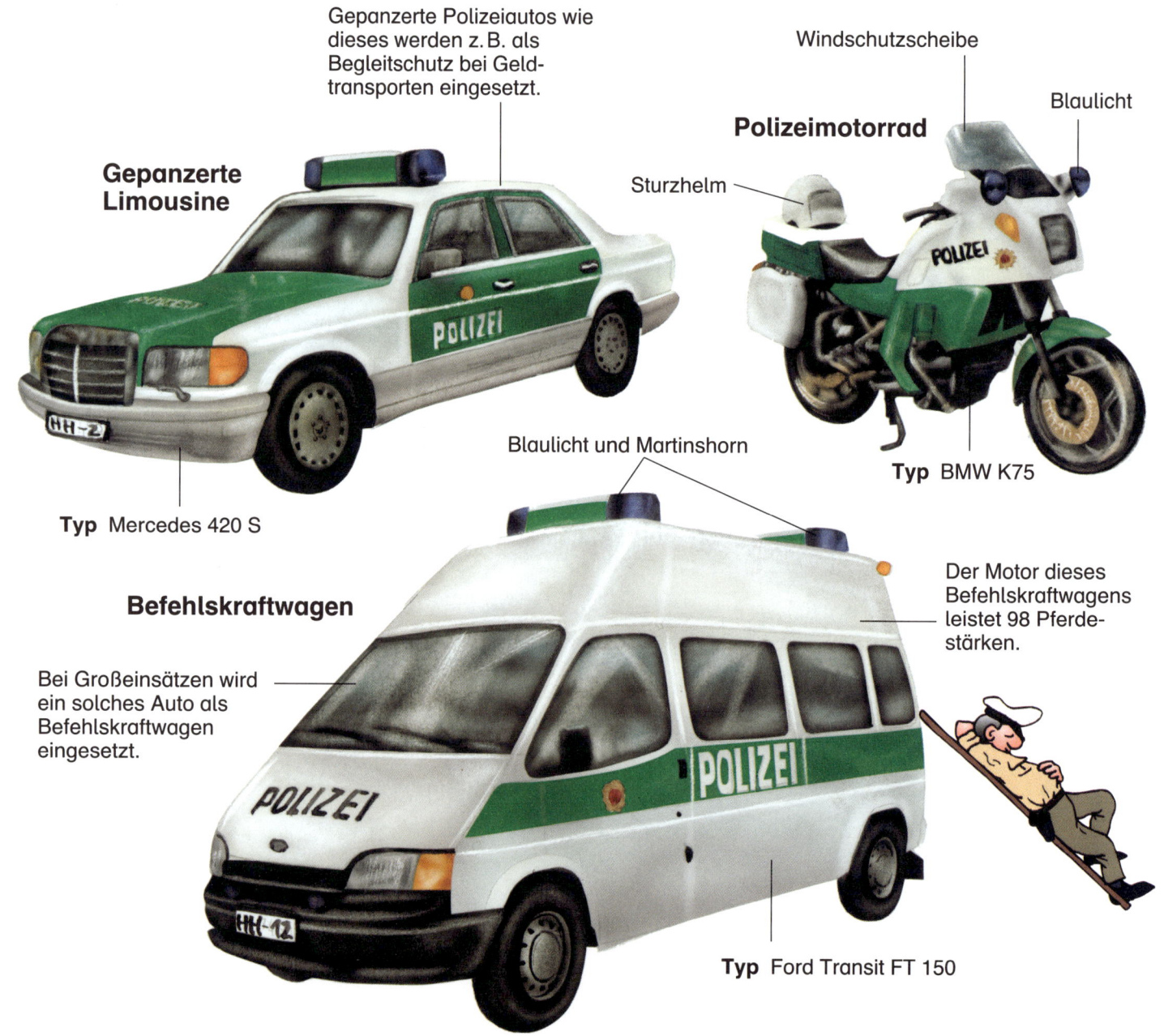

Gepanzerte Limousine

Gepanzerte Polizeiautos wie dieses werden z. B. als Begleitschutz bei Geldtransporten eingesetzt.

Typ Mercedes 420 S

Polizeimotorrad

Windschutzscheibe

Blaulicht

Sturzhelm

Typ BMW K75

Befehlskraftwagen

Blaulicht und Martinshorn

Bei Großeinsätzen wird ein solches Auto als Befehlskraftwagen eingesetzt.

Der Motor dieses Befehlskraftwagens leistet 98 Pferdestärken.

Typ Ford Transit FT 150

Streifenwagen

Dieser Wagentyp wird auch bei der Wasserschutzpolizei eingesetzt.

Typ Opel Omega B

Leistung 136 PS
Hubraum 2 000 cm³

Zugführer-Einsatzfahrzeug

Typ Mercedes 230 GE

Blaulicht

Leistung 170 PS
Hubraum 5 600 cm³

Gepanzerter Sonderwagen

Typ Thyssen TU 170

Dieses Fahrzeug wird bei der Bereitschaftspolizei eingesetzt.

Typ Mercedes Benz 1120

Wasserwerfer

Typ Mercedes Benz 2628

Wasserwerferwagen

Großer Gerätekraftwagen

Leistung 204 PS
Hubraum 5 900 cm³

Was gehört in den Funkstreifenwagen?

Im Kofferraum eines Funkstreifenwagens sind viele Dinge verstaut, die die Beamten für ihre Einsätze brauchen. Schließlich müssen Unfallstellen abgesichert und ausgemessen werden. Dafür braucht man Warnblinklichter, rotweiße Absperrbänder, Verkehrsleitkegel (die rotweißen Hütchen) und manches mehr. Selbst ein Besen darf nicht fehlen, um eine Unfallstelle von Glasscherben zu reinigen.

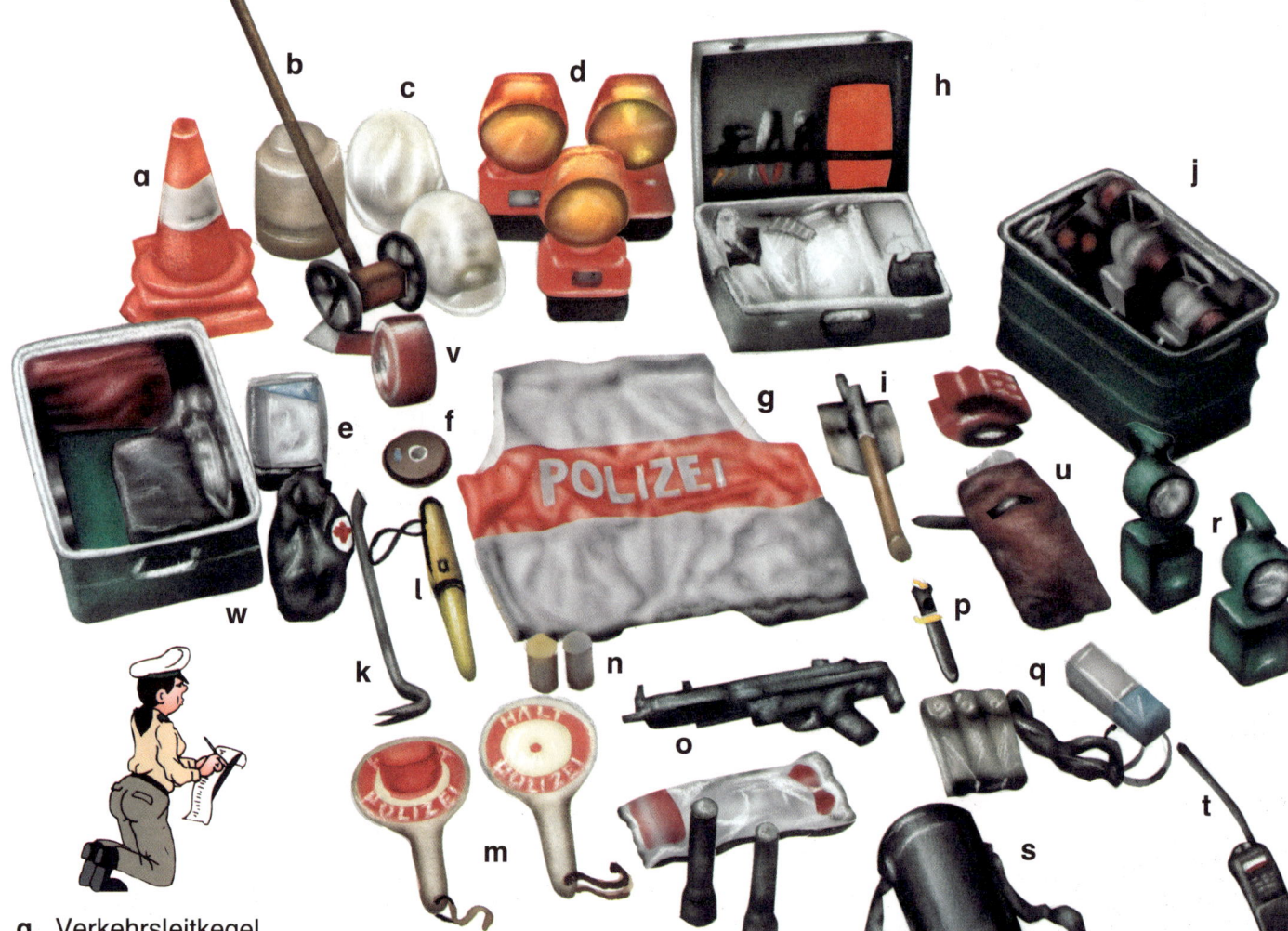

- **a** Verkehrsleitkegel
- **b** Längenmessgerät
- **c** Arbeitsschutzhelme
- **d** Handweitleuchten
- **e** Vlies-Einwegdecke
- **f** Bandmaß
- **g** Warnweste
- **h** Koffer für die Spurensicherung
- **i** Klappspaten
- **j** Materialbehälter
- **k** Brechstange
- **l** Holzstock
- **m** Anhaltekellen
- **n** Rauchpatronen
- **o** Maschinenpistole
- **p** Mehrzweckmesser
- **q** Magazine
- **r** UV-Handlampen
- **s** Behälter für Atemschutzmasken
- **t** Funkgerät
- **u** Rettungsleine mit Gurt
- **v** Plastikabsperrband
- **w** Materialwanne

Was ist das Martinshorn?

Alle Funkstreifenwagen sind mit Blaulicht und Martinshorn ausgerüstet. In Notfällen werden beide von der Besatzung des Streifenwagens eingeschaltet. Dann beginnt das Blaulicht zu blinken und das Martinshorn, eine besondere Art von Sirene, ertönt. Wenn es erklingt, wissen alle Verkehrsteilnehmer, dass Polizisten oder Rettungsfahrzeuge im Einsatz sind und überall Vorfahrt haben. Man fährt an den Straßenrand und lässt sie vorbei.

Blaulicht und Martinshorn

Auf dem Dach des Funkstreifenwagens ist eine Nummer, damit man auch vom Polizeihubschrauber aus erkennen kann, um welches Einsatzfahrzeug es sich handelt.

Besen

Decke

Feuerlöscher

Im Kofferraum befinden sich auch ein Warndreieck, ein Verbandskasten und ein Megafon.

Welche Art von Polizei gibt es noch?

In manchen Bundesländern gibt es auch eine „freiwillige Polizei". Häufig werden solche freiwilligen Polizisten an Wochenenden eingesetzt. Sie unterstützen die Polizei bei der Verkehrsregelung. Außerdem gibt es das Bundeskriminalamt, den Bundesgrenzschutz und die Bundesbahnpolizei. Die Polizisten dieser Sonderpolizeien haben spezielle Aufgaben, die sie oft in Zusammenarbeit mit der normalen Polizei lösen.

Anzeigetafel

Funksprechgerät

Bahnpolizisten tragen die gleiche Uniform wie Schutzpolizisten. Als Abzeichen tragen sie jedoch nicht ein Landeswappen, sondern den Bundesadler.

Ein Junge hat im Bahnhof seine Eltern aus den Augen verloren und bittet einen Bahnpolizisten um Hilfe.

Wo gibt es Grenzpolizisten?

Grenzpolizisten versehen ihren Dienst meist an den Grenzen und Grenzübergangsstellen zu unseren osteuropäischen Nachbarländern. Die Polizisten sollen vor allem die illegale Einreise von Ausländern oder das Verschieben von gestohlenen Autos verhindern.

Ein Grenzpolizist kontrolliert mit dem Fernglas das Gelände jenseits der Grenze.

Grenzzaun

GRENZE

Welche Polizei kriegt auch Applaus?

Manchmal sorgt die Polizei auch für ausgelassene Stimmung, denn sie hat sogar eigene Musiker. Ihre Bands und Orchester spielen unter freiem Himmel oder in Fest- und Musikhallen – vom klassischen Konzert bis hin zur Popmusik.

Blechbläsergruppe der Polizei

Saxofon

In den meisten größeren Städten gibt es ein Polizeiorchester oder einen Polizeichor.

Wann hat die Polizei Tiere im Einsatz?

Oft können Polizisten zu Pferde ihren Dienst erfolgreicher versehen als Polizisten mit Funkstreifenwagen oder Motorrädern. Bei Demonstrationen, Umzügen und anderen großen Veranstaltungen sind sie viel beweglicher und schneller als Fußstreifen. Und wer weicht schon vor einem Pferd nicht zurück? Auch für Streifen in Wäldern, Stadtparks oder anderem unwegsamem Gelände werden gern berittene Polizisten eingesetzt.

Spitze eines Demonstrationszuges

Zügel

Zaumzeug

Steigbügel

Berittene Polizisten begleiten einen Demonstrationszug.

Wozu braucht die Polizei Hunde?

Polizeidiensthunde stellen fliehende Täter und werden als Spürhunde eingesetzt, um versteckte Personen oder Sachen zu finden. Und sie sollen Angriffe auf Polizeibeamte abwehren. Die Hunde werden sorgfältig ausgesucht und ausgebildet. Deutsche Schäferhunde, aber auch Dobermänner, Rottweiler, Boxer und Riesenschnauzer eignen sich für den Polizeidienst.

Armschutz

Polizisten, die mit Hunden arbeiten, müssen einen Lehrgang zum Diensthundeführer absolvieren.

Deutscher Schäferhund

Ein Polizeihund lernt, einen Verdächtigen während der polizeilichen Durchsuchung in Schach zu halten.

Wie entdeckt die Polizei Drogenschmuggler?

Zur Bekämpfung der Rauschgiftkriminalität arbeitet die Grenzpolizei eng mit den Zollbehörden zusammen. Unterstützt werden sie dabei von Hunden, die in ihrer Ausbildung gelernt haben, Drogen aufzuspüren. Am Verhalten des Hundes erkennen die Beamten, wenn er bei der Kontrolle des Reisegepäcks Witterung von verdächtigen Stoffen aufgenommen hat.

Drogenspürhund

Wer aus fremden Ländern einreist, muss sein Gepäck beim Zoll kontrollieren lassen.

Ein Drogenspürhund schnüffelt an den Gepäckstücken einer Reisenden nach Rauschgift.

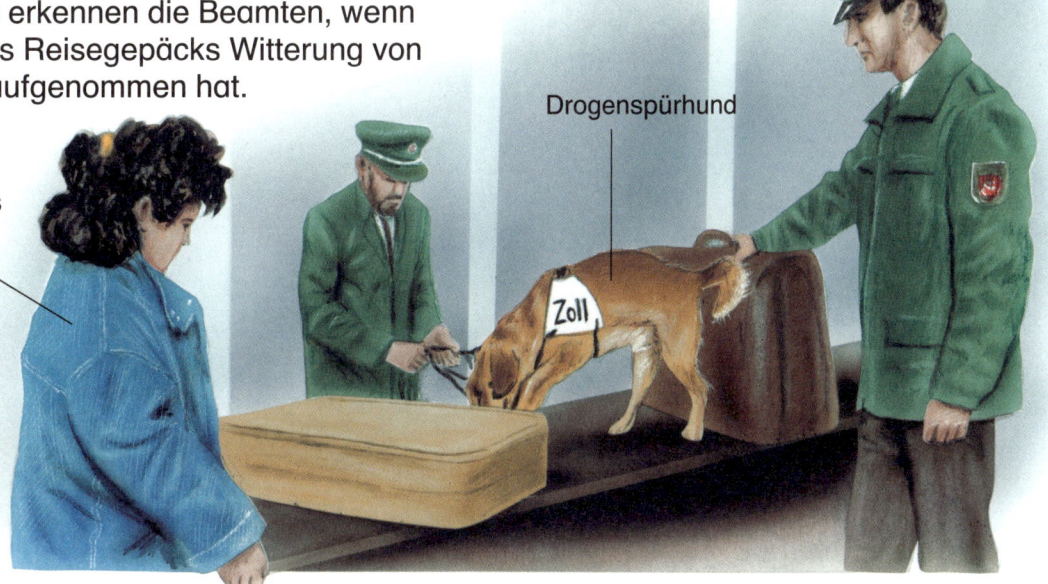

Braucht auch die Polizei Hilfe?

Aufgabe der Polizei ist es nicht nur, Verbrechen aufzuklären, sondern auch zu verhindern, dass solche Taten begangen werden können. Dabei ist die Polizei auf die Hilfe der Bürger angewiesen. Wenn man verdächtige Dinge beobachtet oder sieht, dass andere in Gefahr sind, sollte man schnell die Polizei verständigen. Das kann man über Telefon und Notrufsäulen tun oder direkt bei einer nahen Polizeiwache.

Eine Passantin beobachtet, wie ein Mann versucht, eine geparkte Limousine mit Gewalt zu öffnen. Sie verständigt über Notruf die Polizei. Bei Notrufen ist es wichtig, ruhig zu bleiben und seinen Namen, seine Anschrift oder seinen Aufenthaltsort deutlich zu nennen und kurz zu schildern, was passiert ist.

Wie lautet die Notrufnummer?

Die Notrufnummer lautet 110. Mit ihr erreicht man die Polizei, und zwar zu jeder Tages- und Nachtzeit. Von jedem privaten Telefon und von den öffentlichen Telefonzellen kann diese Nummer kostenlos gewählt werden. Zusätzlich gibt es in jeder Stadt orangefarbene Notrufsäulen mit der Aufschrift SOS. Wenn man sie benutzt, wird man automatisch mit der Polizei verbunden.

SOS-Notrufsäule

Eine Notrufsäule erkennt man von weitem an ihrer orangefarbenen Signalfarbe.

Blaulicht

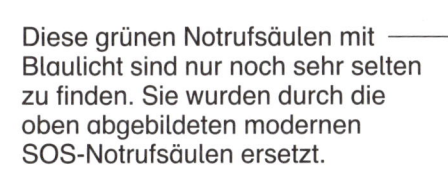

Diese grünen Notrufsäulen mit Blaulicht sind nur noch sehr selten zu finden. Sie wurden durch die oben abgebildeten modernen SOS-Notrufsäulen ersetzt.

Wie oft wird die 110 gewählt?

Kaum eine Telefonnummer wird häufiger gewählt als die Notrufnummer 110. In einer Großstadt wie Hannover z. B. geschieht das 180 000-mal im Jahr. Das bedeutet rund 500 Einsätze für die Streifenwagen an jedem Tag. Manchmal gibt es auch falschen Alarm oder Anrufer, die nur einen (schlechten) Scherz machen wollen. Mit modernster Technik können solche Anrufer schnell ermittelt werden.

Sieht die Polizei überall gleich aus?

Überall auf der Erde haben die Polizisten ungefähr die gleichen Aufgaben, und ihr Dienstplan ähnelt sich. Im äußeren Aussehen unterscheiden sie sich aber erheblich, weil sie ganz verschiedene Uniformen tragen. Und natürlich heißen die Polizisten in jedem Land anders. Die englischen Polizisten z. B. nennt man Constables oder Bobbys, und sie tragen schwarze Uniformen. Die Polizei in Österreich heißt Gendarmerie, und in Italien sagt man zu den Polizisten Carabinieri.

Auch die endlos langen Straßen durch die Wüstengebiete der USA müssen von der Polizei kontrolliert werden.

- Schutzhelm
- Spiegel
- Windschutz
- Distriktwappen
- Funkantenne
- Funkgerätekasten
- Scheinwerfer
- Gepäckkasten
- Motorradstiefel
- Auspuff

Motorradpolizist in den USA

Wo tragen Polizisten keine Schusswaffe?

In England tragen Polizisten keine Schusswaffe. Die Bobbys sind nur mit einem Gummiknüppel ausgerüstet. Die Bezeichnung „Bobby" für die englischen Polizisten geht zurück auf das Jahr 1829, als der englische Politiker Sir Robert „Bobby" Peel ein Polizeigesetz durchsetzte.

Polizist im Vatikan
Er trägt die prachtvollste Uniform.
- Degen

Polizist in Italien

Polizistin in England
- Bobby
- Die englische Polizistin trägt keine Schusswaffe.
- Filzhut
- Regenumhang

Sheriff in den USA
Eine solche Uniform tragen Gemeindesheriffs in den USA.

Polizist in Kanada
Dieser Polizist gehört zur königlich kanadischen berittenen Polizei
- Gürteltasche
- Gummiknüppel
- Reithose
- Reitstiefel

Polizist in Luxemburg
- Schirmmütze
- Schulterklappe mit Abzeichen
- Brusttasche

Prüfe dein Wissen!

Zu den Bildern auf dieser Seite wird dir jeweils eine Frage gestellt. Wenn dir die Antwort nicht einfällt, dann suche im Buch einfach die abgebildete Illustration.

Aus welchem Land kommt dieser Polizist?

Was macht dieser Polizist?

Wie heißt der Apparat?

Wie heißt diese Maske?

Wozu wird dieses Gerät benötigt?

Welches Fahrzeug ist das?

Wie heißt diese Abteilung?

Welchen Dienst leistet dieser Polizist?

Wofür braucht die Polizei dieses Gerät?

Zu welcher Polizei gehört er?

Wann werden diese Polizisten eingesetzt?

Was ist das für ein Ausrüstungsgegenstand?

Register

Alkoholtest 96
Ampelschaltung 95
Anhaltekelle 96
Anzeige erstatten 93
Armschutz 89
Atemschutzmaske 89
Ausrüstung 88, 89
Beinschutz 89
Blaulicht 109
Blutprobe 93
Bobby 117
Bundesbahnpolizei 110
Bundesgrenzschutz 110
Bundeskriminalamt 110
Büttel 85
Chemikalienschutzanzug 87
Demonstration 89, 112
Diebstahl 93
Dienstgrad-Abzeichen 105
Dienstmarke 91
Drogenschmuggler 113
Drogenspürhund 113
Einsatz-Zentrale 94, 95
Einsatzleitpult 94
Einsatztasche 89
Fahrradstreife 86
Feuerschutzanzug 87
Feuerwehr 90, 94
Fingerabdruck 91
Funkgerät 88
Funkmesstechnik 97
Funkstreifenwagen 92, 94, 95, 100, 106, 107, 108, 109, 112, 115
Funktisch 93
Fußabdruck 91
Fußstreife 112
Geisel 102
Gendarmeriekorps 85
Geschoss 91
Geschwindigkeitskontrolle 97
Gesetz 84
Gewaltverbrechen 102
Gewehr 91
Grenzpolizei 111, 113
Grundausbildung 104
GSOD-Ausrüstung 89
Gummiknüppel 88, 117
Handfessel 88
Handmessgerät 97
Hubschrauberpilot 87
Innendienst 92
Kampfsportart 103

Kinn- und Mundschutz 89
Kommissar 105
Kraftfahrzeugpapiere 96
Kriminalpolizei 91
Lagebesprechung 99
Landeskriminalamt 91
Landstreicher 85
Liktor 84
Magazintasche 88
Martinshorn 109
Mobiles Einsatzkommando 103
Monitorwand 95
Munition 91
Notarzt 90
Notruf 93, 94, 114
Notrufabfragegerät 94, 95
Notrufnummer 94, 115
Notrufsäule 114, 115
Personenfahndung 96
Pickelhaube 86
Pistole 88, 103
Polizei, ausländische 116, 117
Polizei, berittene 112
Polizei, freiwillige 110
Polizei, Geschichte 84, 85
Polizeiaufgaben 90, 96, 110, 114
Polizeiausbildung 104, 105
Polizeidienststelle 106
Polizeieinsatzboot 100
Polizeifahrzeuge 106, 107
Polizeihubschrauber 95, 98, 99, 101
Polizeihund 90, 113
Polizeilaufbahn 105
Polizeimotorrad 106, 116
Polizeiorchester 111
Polizeipferd 112
Polizeischule 104
Polizeiwache 92, 93
Radargerät 97
Radarkontrolle 97
Räum- und Abdrängstock 89
Rauschgift 113
Recht 84
Reizstoffbrille 89
Reizstoffsprühgerät 88
Rettungsschwimmer 101
Revier 92
Richtersknecht 85
Schadensmeldung 93
Schiffsverkehr 100, 101
Schirmmütze 86, 88

Schlagstock 88
Schutzhelm 89
Schutzpolizei 91, 100
Schutzschild 89
Schutzweste 87, 89
Sicherheit 84, 91
Spezialeinheit 102, 103
Spezialeinsatzkommando 102
Spezialkleidung 87
Sprengstoffexperte 98
Springerstiefel 89
Spurensicherung 91
Steckbrief 84
Straßenkontrolle 96
Streife fahren 92, 100
Streifenführer 92
Suchscheinwerfer 98
Taucher 98, 101
Terrorismus 102
Torwächter 85
Umweltschutz 101
Umweltschutzgruppe 87
Unfallverhütung 96
Uniform 85, 86, 87, 91, 100, 105, 116, 117
Verkehrserziehung 90, 96, 97
Verkehrsknotenpunkt 94
Verkehrsleitkegel 96
Verkehrsleitzentrale 95
Verkehrsmeldung 95
Verkehrspolizei 96
Verkehrsübungsplatz 97
Verkehrsunfall 90
Verkehrsunterricht 97
Verkehrszeichen 101
Wärmebildkamera 98
Wasserschutzpolizei 98, 100, 101
Wasserstraße 98, 100
Wasserwerferwagen 107

Die Ritter

Inhalt

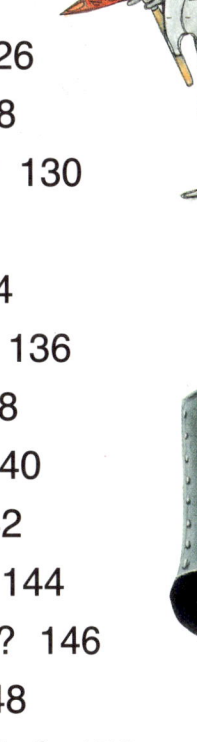

Wann lebten die Ritter? 122
Wo wohnten die Ritter? 124
Wie sah es in der Burg aus? 126
Wie sicher war eine Burg? 128
Wie sah der Alltag der Ritter aus? 130
Wie tafelten die Ritter? 132
Wo kauften die Ritter ein? 134
Wie ging ein Ritter auf die Jagd? 136
Wie wurde man ein Ritter? 138
Wie kleideten sich die Ritter? 140
Wie rüstete sich ein Ritter? 142
Welche Waffen hatte ein Ritter? 144
Warum zogen die Ritter ins Turnier? 146
Was waren die Kreuzzüge? 148
Wer zog mit den Rittern in die Schlacht? 150
Was waren die Ritterorden? 152
Welche berühmten Ritter gab es? 154
Prüfe dein Wissen! 156
Register 158

Wann lebten die Ritter?

Die Ritter lebten im Mittelalter. Das ist ungefähr die Zeit von 500 bis 1500 nach Christus. Es war eine sehr rauhe Zeit, ohne elektrisches Licht, fließendes Wasser oder Heizungen, und es gab viele Krankheiten, häufig Kriege.

Was bedeutet „Ritter"?

In die vielen Kriege sind die Soldaten früher immer als Fußsoldaten gezogen. Doch nachdem man Steigbügel, bessere Sättel und vor allem die schwere Lanze erfunden hatte, konnten die Soldaten auf Pferden in die Schlacht reiten. Diese berittenen Soldaten nannte man Ritter (Reiter).

Auch in Deutschland gibt es heute noch alte Ritterburgen, so die Burg Eltz.

Kein Ritter ohne Pferd

Ein Pferd war zwar sehr teuer, für einen Ritter jedoch unverzichtbar. Pferde brauchte man für den Krieg, für Turniere und die Jagd sowie für den Transport des Gepäcks. Besonders wertvoll waren die Schlachtrosse. Sie mussten kräftig gebaut, aber dennoch gewandt sein. Ein permanentes Training bereitete diese Pferde auf den Einsatz in der Schlacht vor. Besonders beliebt waren Streitrosse aus Italien, Frankreich und Spanien. Das spanische Andalusierpferd ist die Pferderasse, die den damaligen Streitrossen noch am meisten ähnelt.

Wo wohnten die Ritter?

Die reichen Ritter wohnten in Burgen. Diese bestanden aus befestigten Häusern, die von einer dicken Mauer und oft auch von tiefen Gräben umgeben waren. Die meisten einfachen Ritter lebten jedoch inmitten eines Dorfes in normalen Steinhäusern, die durch schmale Wassergräben geschützt wurden.

Ein hoher Burgturm war wichtig, um das Gelände überblicken und Angreifer von oben herab beschießen zu können.

Ein Blick ins Burginnere: Wohnhaus und Stallungen schließen sich an die Burgmauer an.

Besonders sorgfältig wurde der Eingang zur Burg geschützt: Tortürme, Zugbrücken und stabile Tore erschwerten den Zugang.

Wohin baute man eine Burg?

Da eine Burg sicheren Schutz bieten sollte, baute man sie meistens auf einen Berg, in einen See oder an einen Felshang. Wenn weder Berg noch See noch Felsen vorhanden waren, wurde die Burg durch einen oder mehrere Wassergräben geschützt.

Beide gaben in Kriegszeiten den Menschen Schutz: die so genannte Höhenburg (links) und die Wasserburg (oben).

Wie wurde eine Burg gebaut?

Die ersten Burgen waren einfache Holztürme, die von einem hohen Zaun aus Baumstämmen umgeben waren. Später baute man mächtige Burgen aus Stein. So eine Steinburg war von einer Mauer umgeben, die bis zu acht Meter dick und zwanzig Meter hoch war. Der Bau einer Burg dauerte oft mehrere Jahre.

Bauarbeiter in der Ritterzeit lebten gefährlich: Die körperlich schwere Arbeit in luftiger Höhe musste ohne moderne Maschinen und Baugerüste erledigt werden.

Wie sah es in der Burg aus?

Eine Burg kann man sich als kleines Dorf vorstellen. Es gab Wohnhäuser, Ställe für Pferde und Vieh, eine Kapelle für den Gottesdienst, einen Wehrturm und – ganz, ganz wichtig bei Belagerungen – einen Brunnen. Rings um dieses Burgdorf führte eine dicke Schutzmauer. Schießscharten, schmale Mauerschlitze, dienten den Burgbewohnern zur Verteidigung.

Scheune und Ställe

Herrenhaus

Küche

Vorratslager

Wo gingen die Ritterkinder zur Schule?

Richtige Schulen, so wie wir sie heute kennen, gab es zur Ritterzeit noch nicht. Die meisten Kinder haben also nie Lesen, Schreiben und Rechnen gelernt. Sie mussten stattdessen schon früh ihren Eltern bei der Arbeit helfen. Nur die Kinder reicher Eltern wurden unterrichtet. Der Unterricht wurde meistens von Priestern erteilt. Sie gehörten in der Ritterzeit zu den wenigen Menschen, die lesen und schreiben konnten.

Schmale Schlitze auf Mauern oder Türmen, so genannte Schießscharten, ermöglichten es den Burgbewohnern, Angreifer zu bekämpfen.

Bergfried

Wehrgang

Kapelle

Schmiede

Wie sicher war eine Burg?

Durch ihre geschützte Lage war eine Burg nur schwer zu erobern. Dennoch gelang es Gegnern durch Tricks, lange Belagerungen und Beschuss immer wieder, eine Burg einzunehmen.

Wie wurde eine Burg angegriffen?

Natürlich hatten die Burgbewohner die Zugbrücke vor dem Angriff hochgezogen. Der Angreifer musste also erst einmal den Graben überwinden. Manche Feinde füllten den Graben mit Holz und Erde auf und schoben Holztürme und Leitern an die Mauern. Andere gruben unterirdische Gänge, um Mauern zum Einsturz zu bringen, oder schleuderten mit Wurfmaschinen große Steine gegen die Burg.

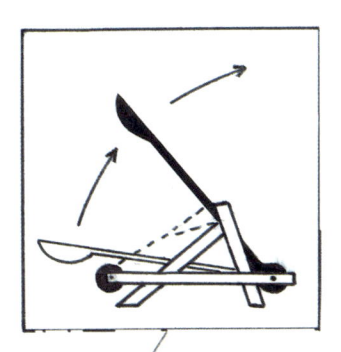

Funktionszeichnung einer Wurfmaschine

Wurfmaschinen wurden schon von den Römern bei Belagerungen eingesetzt.

Die Verteidiger schossen aus den Schießscharten, warfen mit schweren Steinen und gossen heißes Wasser oder kochenden Teer auf die Angreifer hinab.

Wie sah der Alltag der Ritter aus?

Nur wenige Ritter waren so reich, dass sie nicht zu arbeiten brauchten. Die meisten waren nicht nur Soldaten, sondern auch Bauern und mussten im Stall und auf den Feldern kräftig mit anpacken. Manche züchteten auch Pferde und anderes Vieh oder verkauften Fische aus ihren Gewässern.

Wer lebte auf der Burg?

Zu den Burgbewohnern gehörten neben der Familie des Ritters auch Mägde und Knechte für Haushalt und Stallungen. Es gab außerdem einen Schmied für die Waffen und das Arbeitsgerät, manchmal auch einen Töpfer. Dazu kamen bewaffnete Knechte für die Verteidigung, die so genannten Burgknappen. Der Burgvogt war der Stellvertreter des Burgherrn.

Dieser bewaffnete Knecht trägt einen Langbogen. Als Burgknappe war er für die Verteidigung der Burg zuständig.

Die Ritterfrauen kümmerten sich um den Haushalt und die Kinder.

Freizeit bei den Rittern

Die Jagd gehörte zu den sommerlichen Freizeitvergnügungen, die vorwiegend Männern vorbehalten waren. Das Kegeln jedoch sowie das Ringewerfen wurden von der ganzen Ritterfamilie betrieben. An den langen Winterabenden vertrieb man sich die Zeit mit Brettspielen wie Schach und Dame. Auch Würfel- und Kartenspiele waren sehr beliebt. Fahrende Sänger, Musikanten und Jongleure sorgten zudem für Abwechslung und Unterhaltung und konnten über interessante Neuigkeiten aus Gegenden berichten, in denen sie zuvor gewesen waren.

Der Burgschmied stellte Waffen und Arbeitsgeräte her und reparierte sie auch.

Wie tafelten die Ritter?

Wenn reiche Ritter tafelten, bogen sich die Platten. Was da alles aufgetragen wurde! Fleisch von Wildschweinen und Schafen, Fisch und Geflügel. Als besondere Delikatesse gab's sogar Schwäne, Störche und Pfauen.

Wie ging es zu beim Rittermahl?

Diener trugen die fertig gedeckte Tischplatte mit Speisen und Getränken in den Rittersaal. Teller für den einzelnen Gast gab es nicht, auch keine Löffel, sondern nur ein Messer. Alle aßen direkt aus den Schüsseln, spießten das Fleisch mit den Messern auf oder schoben es sich mit den Fingern in den Mund. Nach dem Essen trugen die Diener die Tafel hinaus. Daher kommt auch heute noch der Ausdruck „die Tafel aufheben".

Zwei Diener bringen die fertig gedeckte Platte.

Die Ritter aßen kiloweise Brot. Allerdings kannte man noch nicht so viele Brotsorten wie wir heute: Brot wurde in der Ritterzeit meistens aus Roggenmehl gebacken.

Das scharfe Essen machte die Ritter sehr durstig. Am liebsten löschten sie ihren Durst mit Wein oder Bier.

Kartoffelpuffer oder lieber Rübenmus?

Viele heute sehr beliebte Gerichte wie Kartoffelpuffer oder Pommes frites waren den Rittern unbekannt, denn Kartoffeln gab es damals in Europa noch nicht. Sie kamen erst viel später aus Südamerika zu uns. Brot, Hülsenfrüchte und Rüben waren die Grundnahrungsmittel. Im Winter, wenn die frischen Speisen knapp waren, aß man viel Rauchfleisch, das bereits im Sommer haltbar gemacht wurde und nicht besonders gut schmeckte.

Wo kauften die Ritter ein?

Den Supermarkt um die Ecke gab es damals nicht. Aber auf den Märkten in der Stadt wurde alles angeboten, was man brauchte. Außerdem gab es fahrende Händler, die mit ihren Waren zu den einsam gelegenen Burgen zogen.

Was konnte man damals kaufen?

Auf dem Markt und bei den fahrenden Händlern gab es alles: Wein und Lebensmittel, aber auch Vieh, Waffen, Stoffe und Kleider. Auch so begehrte Gewürze wie Pfeffer, Safran und Ingwer konnte man bei den fahrenden Händlern kaufen. Diese Gewürze waren jedoch im Vergleich zu heute sehr viel teurer. Nur wenige Menschen konnten sich im Mittelalter diese Luxuswaren leisten.

Hatten die Ritter Geld?

Ja, aber damals gab es nur kleine Münzen, keine Geldscheine. Die gebräuchlichsten Geldstücke waren der Pfennig, der Heller und der Kreuzer. Der Kreuzer hieß so wegen eines eingeprägten Kreuzes darin. Der Wert einer Münze wurde nach dem Gold- oder Silbergewicht gemessen. Am wertvollsten waren Goldgulden.

Rheinischer Gulden aus dem 14. Jahrhundert

Heller aus dem 13. Jahrhundert

Mit solchen Münzen konnte man im Mittelalter bezahlen. Manchmal wurden die Geldstücke auch gegen Edelmetalle wie Gold und Silber aufgewogen.

Wie ging ein Ritter auf die Jagd?

Die Jagd gehörte zu den größten Vergnügungen des Burgherrn. Zum Gefolge der berittenen Jagdgesellschaft gehörten neben den bewaffneten Knechten die Bauern als Treiber und eine große Meute Jagdhunde.

Das in der freien Natur lebende Wild war normalerweise Eigentum des vornehmen Burgherrn. Nur er hatte das Recht, auf die Jagd zu gehen. Bauern und Knechte durften dabei höchstens Hilfsdienste leisten.

Die Jagd mit abgerichteten Greifvögeln wie diesem Falken galt als besonders vornehm.

Wie wurde man ein Ritter?

Der Ritterschlag war eine feierliche Zeremonie: Ein Ritter gab dabei seinem vor ihm knienden Knappen mit der Hand oder der flachen Seite des Schwertes einen leichten Schlag auf den Nacken oder auf die Schulter. Der junge Mann war jetzt selbst ein Ritter und durfte Waffen tragen.

Was musste ein Page alles lernen?

Mit sieben Jahren kamen die Söhne der Adeligen aus der Obhut der Frauen in die des Vaters oder Bruders, um zum Pagen erzogen zu werden. Die jungen Adeligen erlernten nun die Grundfertigkeiten eines Ritters wie zum Beispiel Reiten, Schwimmen, Faustkampf und das Aufstellen von Vogelfallen.

Was hatte ein Knappe zu tun?

Mit etwa zwölf bis 14 Jahren wurde ein Page zum Knappen. Er verließ die Familie, um auf der Burg eines Ritters zu leben. Dort lernte er den Umgang mit Schwert und Lanze und wurde im ritterlichen Benehmen unterrichtet. Mit 21 Jahren wurde der junge Mann in den Ritterstand aufgenommen.

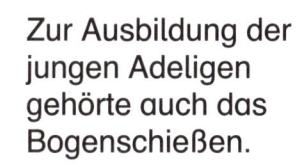

Zur Ausbildung der jungen Adeligen gehörte auch das Bogenschießen.

Wie kleideten sich die Ritter?

Die Rittersleute liebten leichte Kleidung aus Wolle oder Seide. Und vor allem: Bunt musste sie sein! Aber auch damals wechselte die Mode häufig: Mal trug man lange, mal kurze Gewänder. Mal reichten die Ärmel bis zum Boden, mal nur bis zum Ellbogen.

Was zog der Ritter an?

Ihre schwere, unbequeme Rüstung trugen die Ritter nur im Kampfspiel oder im Krieg. Sonst zogen die Männer über dem Hemd eine knielange Hose an. An der waren mit Riemen die engen bunten Strümpfe befestigt. Über Hemd und Hose kam der Rock, eine Art Kurzmantel. Wohlhabende Ritter trugen darüber noch einen zweiten ärmellosen Rock, der mit Pelz besetzt war. Auch ihre Schuhe waren richtige Prunkstücke, die mit echten Spitzen besetzt waren. Diese wurden mit Bändern ans Bein hochgebunden.

ein Herrenstiefel

Solche Hüte trugen Ritter und Edelleute im Mittelalter.

ein Damenschuh

Die Ritterdamen trugen oft Haarkränze mit Schleier.

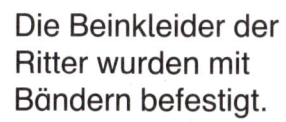

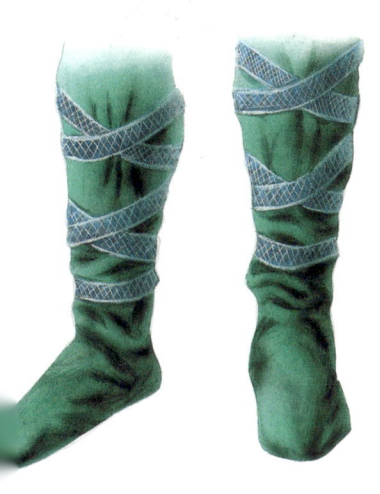

Die Beinkleider der Ritter wurden mit Bändern befestigt.

Je bunter, desto schöner

Über diese Regel konnte sich auch die modebewusste Ritterfrau nicht einfach hinwegsetzen. Die bunten Kleider der Frauen waren an der Brust meist eng anliegend, weit ausgeschnitten und mit Bändern geschnürt. Der Rock war bodenlang, hatte viele Falten und oft eine lange Schleppe. Den Kopf der Ritterfrau bedeckte entweder eine hohe kunstvolle Haube oder ein Schleier. Besonders wertvoll waren die mit Gold und Edelsteinen geschmückten breiten Gürtel der wohlhabenderen Ritterfrauen.

Wie rüstete sich ein Ritter?

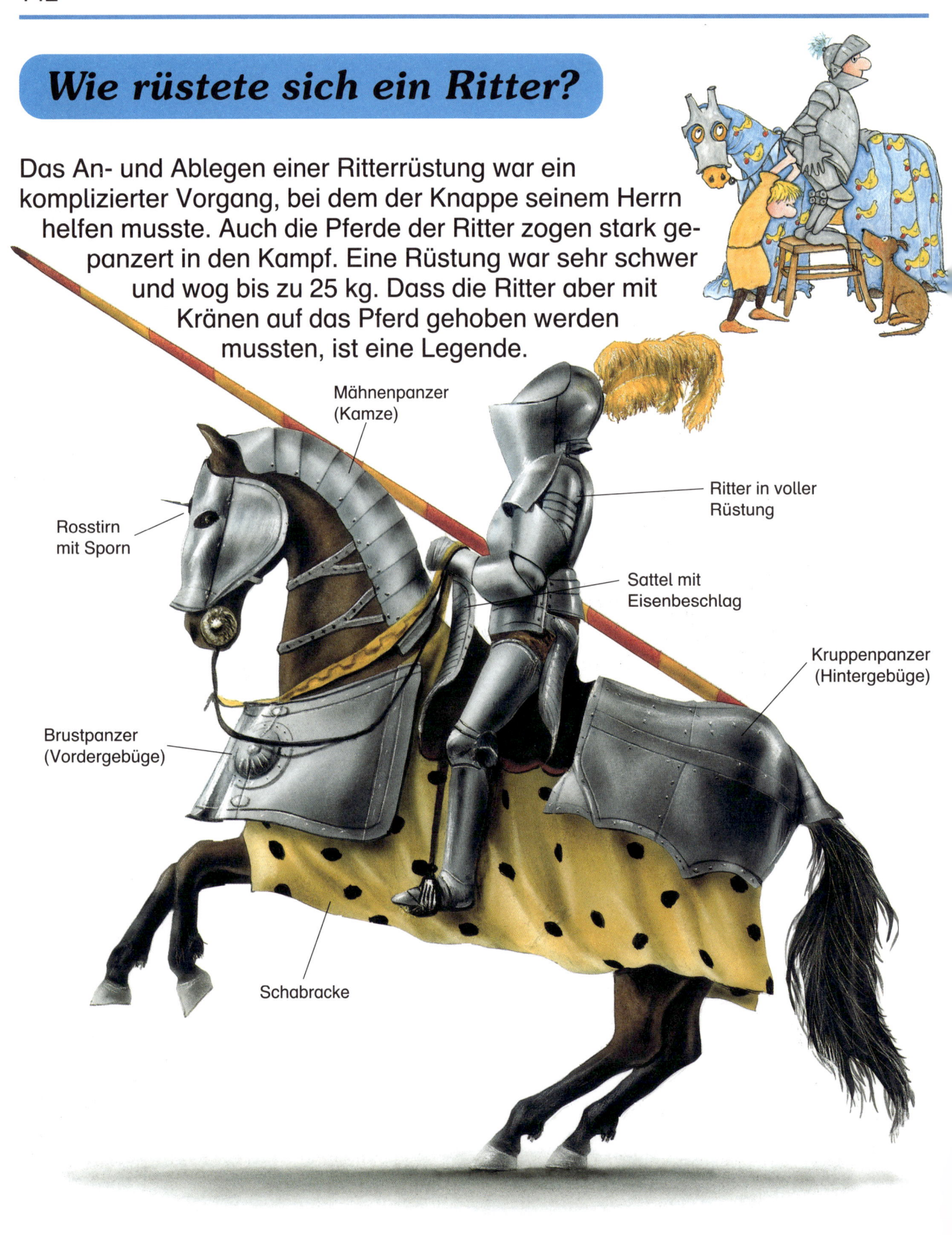

Das An- und Ablegen einer Ritterrüstung war ein komplizierter Vorgang, bei dem der Knappe seinem Herrn helfen musste. Auch die Pferde der Ritter zogen stark gepanzert in den Kampf. Eine Rüstung war sehr schwer und wog bis zu 25 kg. Dass die Ritter aber mit Kränen auf das Pferd gehoben werden mussten, ist eine Legende.

Mähnenpanzer (Kamze)

Rosstirn mit Sporn

Ritter in voller Rüstung

Sattel mit Eisenbeschlag

Kruppenpanzer (Hintergebüge)

Brustpanzer (Vordergebüge)

Schabracke

Was gehörte zu einer Rüstung?

Über seiner Unterwäsche aus Wolle oder Leinen trug der Ritter ein Eisenhemd aus 1 000 Ringen, den Kettenpanzer. An diesem Kettenhemd wurden weitere Kleidungsstücke aus Ketten befestigt: Handschuhe und Beinschutz (Eisenhosen), Brust- und Halsschutz und der Kinn- und Wangenschutz. Der Helm war die Krönung der Rüstung. So angekleidet wurde der Ritter von seinem Knappen noch mit Schild, Lanze, Schwert und Sporen ausgestattet.

ineinander geschmiedete Eisenringe (Ausschnitt aus dem Kettenhemd)

Visierhelm mit Atemlöchern

Ketten- oder Panzerhemd

Eine Ritterrüstung war sehr teuer. Von den hier dargestellten Bestandteilen einer Rüstung war das Kettenhemd am kostbarsten: Es konnte dem Wert von 100 Kühen entsprechen.

Brustharnisch

Eisenhandschuh

Welche Waffen hatte ein Ritter?

Die wichtigsten Waffen eines Ritters waren Schwert und Lanze. Er beherrschte zwar auch Wurfspeer und Bogen, benutzte diese Waffen aber nur bei der Jagd. Zu seiner Verteidigung trug der Ritter einen Schild mit sich.

Streitaxt

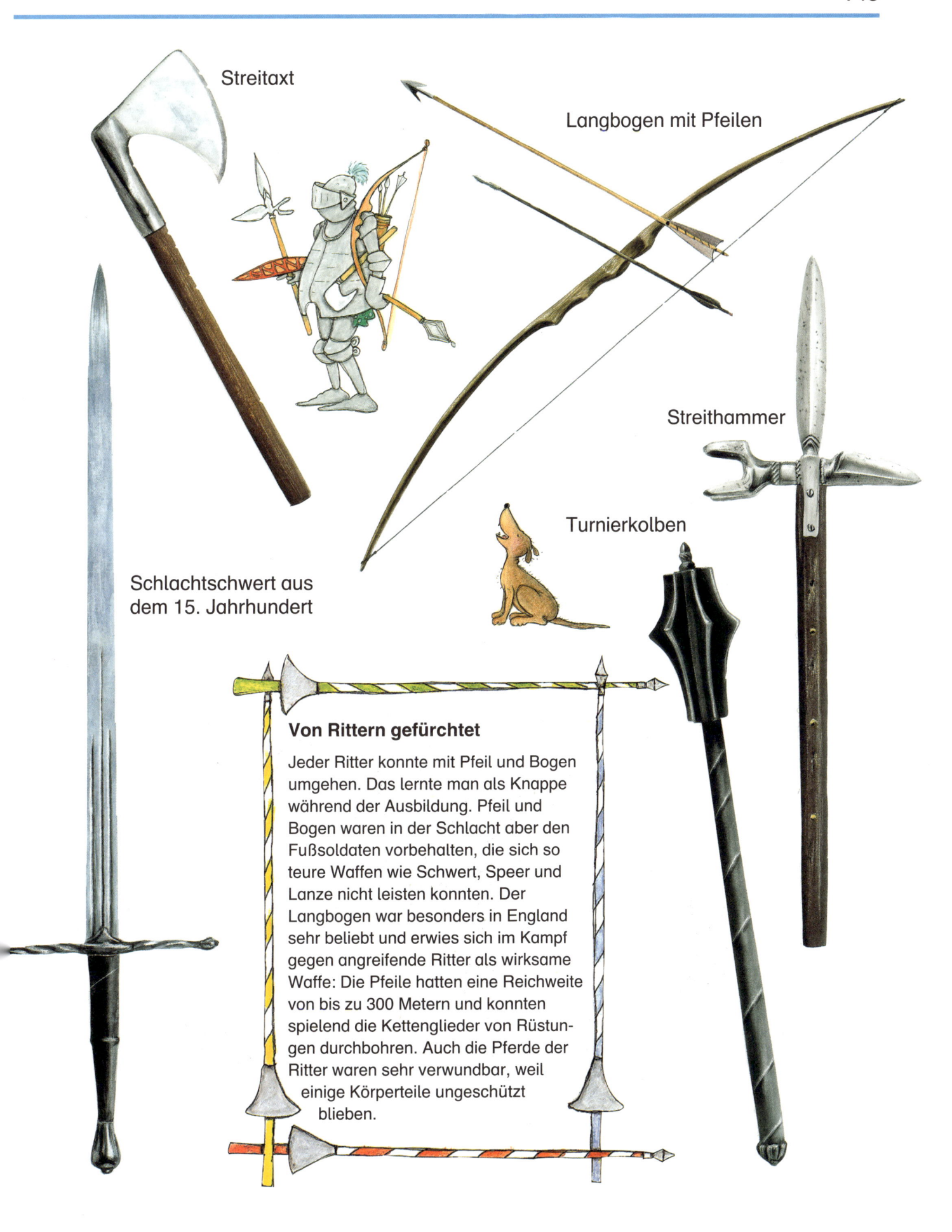

Langbogen mit Pfeilen

Streithammer

Schlachtschwert aus dem 15. Jahrhundert

Turnierkolben

Von Rittern gefürchtet

Jeder Ritter konnte mit Pfeil und Bogen umgehen. Das lernte man als Knappe während der Ausbildung. Pfeil und Bogen waren in der Schlacht aber den Fußsoldaten vorbehalten, die sich so teure Waffen wie Schwert, Speer und Lanze nicht leisten konnten. Der Langbogen war besonders in England sehr beliebt und erwies sich im Kampf gegen angreifende Ritter als wirksame Waffe: Die Pfeile hatten eine Reichweite von bis zu 300 Metern und konnten spielend die Kettenglieder von Rüstungen durchbohren. Auch die Pferde der Ritter waren sehr verwundbar, weil einige Körperteile ungeschützt blieben.

Warum zogen die Ritter ins Turnier?

Bei diesen festlichen Waffenspielen übten die Ritter nicht nur für den Ernstfall, sondern legten auch Proben ihrer Tapferkeit und Geschicklichkeit ab. Ein Turnier war gleichzeitig auch ein großes Volksfest.

Wie ging es zu bei einem Turnier?

Trompetengeschmetter verkündete den Beginn eines Turniers. Der Herold rief die Namen der Turnierteilnehmer auf. Dann konnten die Spiele beginnen. Die Teilnehmer kämpften normalerweise in zwei Gruppen mit stumpfen Lanzen gegeneinander. Unglücksfälle kamen dennoch häufig vor. Sieger war schließlich die Mannschaft, die am Ende die meisten Gegner aus dem Sattel warf.

Die Teilnehmer am Turnier kämpften in zwei Gruppen mit stumpfen Lanzen gegeneinander. Sieger war die Mannschaft, die die meisten Gegner aus dem Sattel warf.

Was waren die Kreuzzüge?

Die Kreuzzüge waren Kriegszüge ins heutige Israel, um das „Heilige Land", in dem Christus gelebt hat, von den Besatzern zu befreien, die der islamischen Religion angehörten. Der Papst hatte zum Krieg aufgerufen und jedem für das Christentum kämpfenden Ritter die Vergebung seiner Sünden versprochen. Es war eine große Ehre, ein Kreuzritter zu sein. Deshalb nahmen selbst Könige und hohe Adelige an den Kreuzzügen teil.

Was bedeuteten die Kreuzzüge für das Rittertum?

Der Kampf im Namen Gottes warf einen neuen Glanz auf das Rittertum. Der Ritter erhielt Macht und Ansehen. Außerdem lernten die oft noch rohen und tölpelhaften europäischen Ritter auf den Zügen vieles kennen, was es in Europa noch nicht gab: geschmackvolle Möbel, feine Stoffe und Kleider, würzige Speisen, Duftstoffe für die Körperpflege und feinere Sitten.

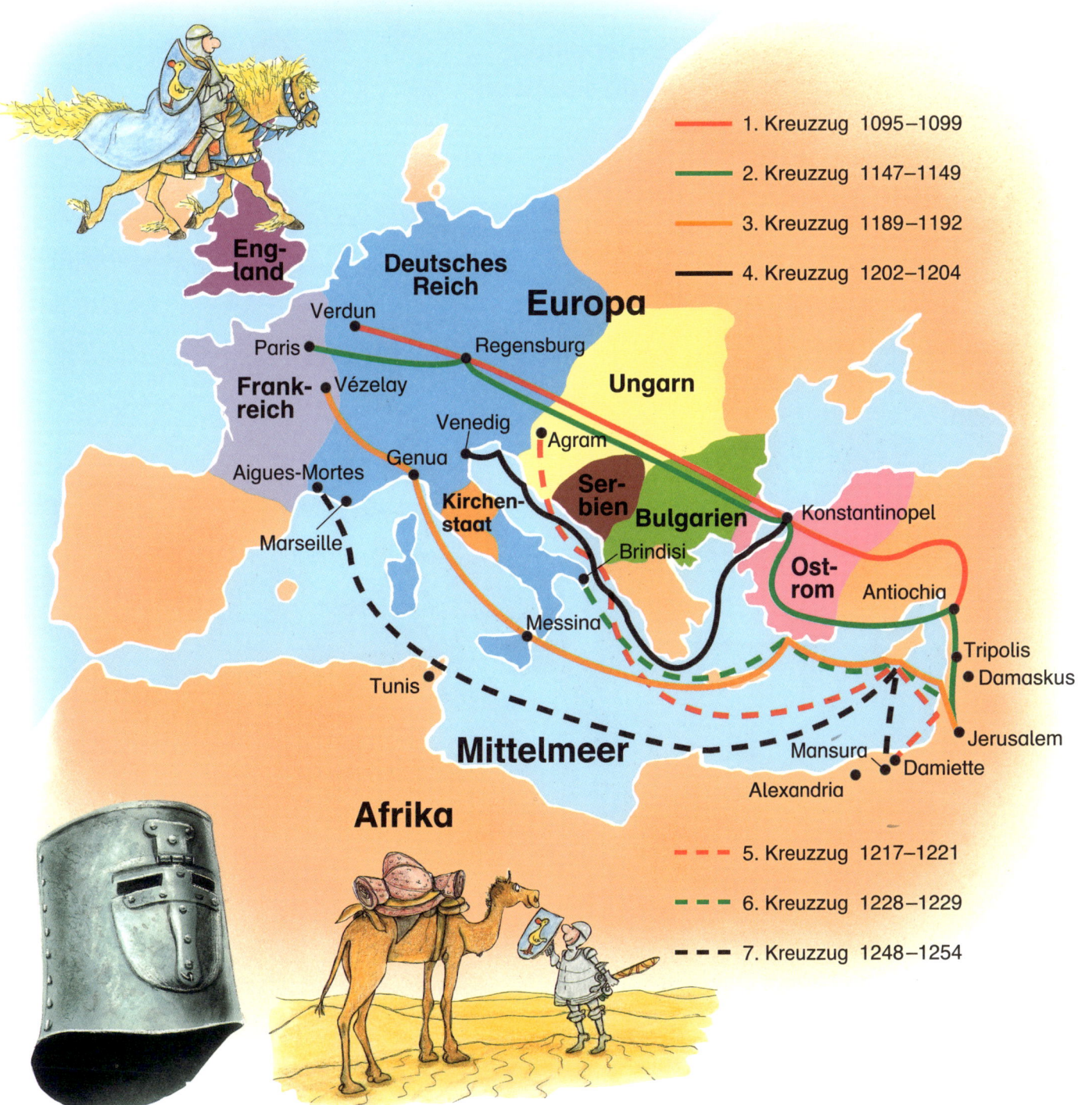

— 1. Kreuzzug 1095–1099
— 2. Kreuzzug 1147–1149
— 3. Kreuzzug 1189–1192
— 4. Kreuzzug 1202–1204

--- 5. Kreuzzug 1217–1221
--- 6. Kreuzzug 1228–1229
--- 7. Kreuzzug 1248–1254

Wer zog mit den Rittern in die Schlacht?

Da ein Ritter nicht alle Burgknappen und untergebenen Bauern mit in die Schlacht nehmen konnte, mussten bezahlte Kriegsknechte angeworben werden. Das waren meist Abenteurer und Vagabunden. Im späten Mittelalter entwickelten sich daraus die so genannten Landsknechte. Das waren Fußsoldaten, die hauptsächlich mit einem Schwert und einer lanzenförmigen Stoßwaffe, der Pike, kämpften.

Wie reisten die Ritter nach Jerusalem?

Die Ritter benutzten dazu Schiffe, auch wenn sie keine Seeleute waren. Aber schließlich hätte die Reise auf dem Landweg quer durch Europa und die heutige Türkei bis zu einem halben Jahr gedauert. Für die Seereise benötigten die Ritter nur noch drei bis vier Wochen. Die wichtigsten Häfen für die Reise ins „Heilige Land" waren Marseille, Genua, Venedig und Brindisi.

Die frühen Landsknechte hatten noch keine einheitlichen Uniformen. Sie trugen recht unterschiedliche, meist sehr farbenfrohe Gewänder.

Was waren die Ritterorden?

Zu Beginn des 12. Jahrhunderts entstanden zwei der größten Ritterorden: die Johanniter und die Templer. Sie dienten zunächst dem Schutz von christlichen Pilgern, die nach Palästina unterwegs waren. Die Johanniter waren der erste Orden, der für die ärztliche Versorgung auf Schlachtfeldern und für die Errichtung von Krankenhäusern sorgte.

Diese chirurgischen Instrumente benutzten die Ärzte der Johanniter.

Das Zeichen der Templer war ein rotes Kreuz auf weißem Grund. Der Orden wurde 1119 gegründet. Die Templer waren kämpferischer als die Johanniter.

In Friedenszeiten trugen die Johanniter schwarze Gewänder mit weißem Kreuz, im Krieg rote Gewänder mit weißem Kreuz.

Kämpfen und Beten, Beten und Kämpfen

Von den Angehörigen der Ritterorden wurde nicht nur verlangt, dass sie hervorragend mit Waffen umgehen konnten und mutige Kämpfer waren. Wollte sich ein Ritter einem Ritterorden anschließen, so musste er sich auch verpflichten, fortan als Mönch zu leben und die strengen Ordensregeln zu befolgen. Ein Leben ohne Frauen, Armut, Gehorsam, hervorragende Kenntnisse der biblischen Schriften und die Teilnahme am Gottesdienst gehörten zu diesen Regeln.

Welche berühmten Ritter gab es?

Es gab viele Ritter, deren Heldentaten in zahllosen Liedern und Gedichten überliefert wurden. Einer der bekanntesten ist wohl König Artus. Seine Ritter der Tafelrunde jedoch wie Lanzelot, Parzival oder Tristan sind von Dichtern erfunden worden.

Woher wissen wir von König Artus?

König Artus wird zum ersten Mal im 8. Jahrhundert vom keltischen Geschichtsschreiber Nennius erwähnt. Danach folgen viele Sagen um die Ritter der Tafelrunde und das magische Schwert Excalibur. König Artus hat wahrscheinlich im 5. Jahrhundert gelebt.

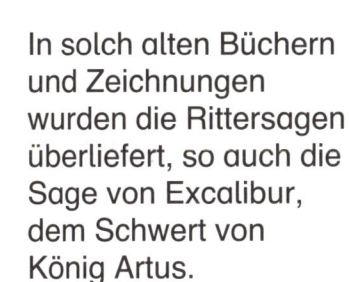

das Schwert Excalibur

In solch alten Büchern und Zeichnungen wurden die Rittersagen überliefert, so auch die Sage von Excalibur, dem Schwert von König Artus.

Götz von Berlichingen war ein deutscher Ritter, der um 1500 gelebt und seine eigene Lebensgeschichte aufgeschrieben hat. Berühmt wurde er durch ein Bühnenstück von Johann Wolfgang von Goethe.

Stars im Mittelalter

Im Laufe des Mittelalters wurden die Ritterturniere immer beliebter. Sie dienten schließlich nicht mehr in erster Linie als Vorbereitung für die Schlacht, sondern entwickelten sich zu einer Art Unterhaltungsveranstaltung. Sie waren die größten Sportereignisse der damaligen Zeit, und es gab viele Ritter, die ihren Lebensunterhalt hauptsächlich damit bestritten, dass sie an zahlreichen Turnieren teilnahmen. Bei einem Sieg über einen Turniergegner durfte der Ritter meistens Pferd und Ausrüstung seines Gegners behalten. Gute Kämpfer konnten auf diese Weise ein Vermögen erwerben. Manche von ihnen waren in den Ländern Europas allgemein bekannt und so berühmt wie heute beispielsweise Tennis- oder Fußballstars.

Bei einem Feldzug verlor Götz seine rechte Hand. Er ließ sich deshalb später eine Prothese anfertigen, die berühmte eiserne Hand.

Prüfe dein Wissen!

Zu den Bildern auf dieser Seite wird dir jeweils eine Frage gestellt. Wenn dir die Antwort nicht einfällt, dann schlag im Buch einfach die abgebildete Seite auf.

Wie heißt das Teil am Helm?

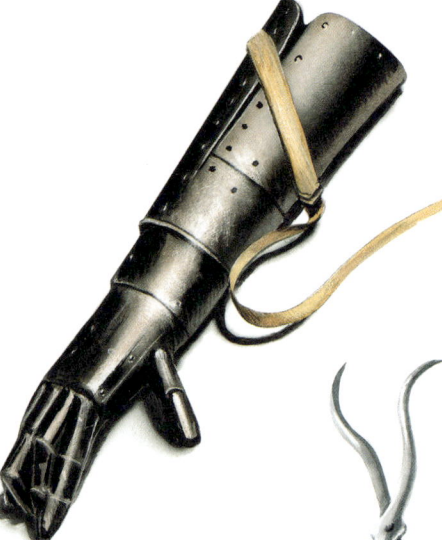

Was macht diese Frau?

Wem gehört diese Hand?

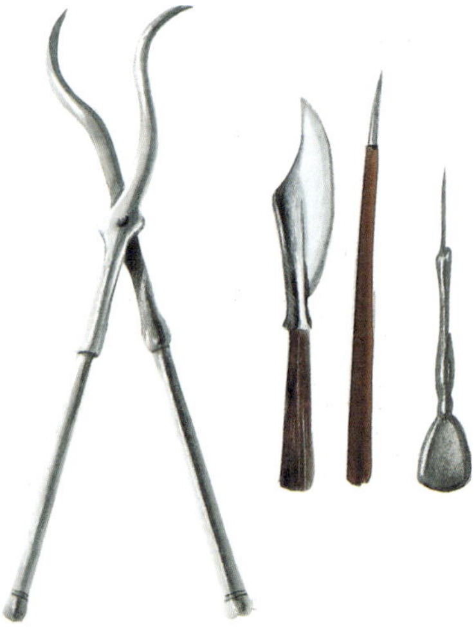

Was macht man damit?

Wer trug das?

Was für ein Gerät ist das?

Was machte sein Orden?

Wie heißt dieser Mann?

Wem gehörte dieses Schwert?

Woraus ist dieses Hemd?

Wer trug diesen Handschuh?

Was ist sein Beruf?

Register

Angriff 129
Armbrust 145
Artus 154 f.
Bauer 130, 136
Beinschutz 143
Belagerung 128
Berlichingen, Götz von 155
Bogenschießen 139
Brunnen 126
Brustharnisch 143
Burg 124
Burgdorf 126
Burgherr 131, 136
Burgknappe 131
Burgschmied 131
Burgvogt 131
Christentum 148
Delikatesse 132
Diener 133
Eisenhemd 143
Eisenhosen 143
Excalibur 155
Falke 137
Faustkampf 139
Freizeit 131
Fußsoldat 123, 150
Gang, unterirdischer 129
Geld 135
Gewürze 135
Goethe, J. W. von 155
Goldgulden 135
Graben 124, 129
Greifvogel 137
Grundnahrungsmittel 133
Hand, eiserne 155
Händler, fahrender 134 f.
Haube 141
Heiliges Land 148 f.
Heldentat 154
Heller 135
Helm 143
Herold 147
Höhenburg 125
Holzturm 125, 129
Hut 141
Instrumente, chirurgische 153
Islam 148
Jagd 123, 131, 136
Jagdhund 136
Jerusalem 151
Johanniter 152 f.
Jongleur 131

Kapelle 126
Kettenhemd 143
Kinder 131
Kleidung 140 f.
Knappe 138 f.
Knecht, bewaffneter 131, 136
Kran 142
Krankenhaus 152
Kreuzer 135
Kreuzritter 148 ff.
Kreuzzug 148 ff.
Krieg 123
Landsknecht 150
Langbogen 131, 145
Lanze 123, 139, 143 f., 147
Lanzelot 154
Leiter 129
Luxuswaren 135
Magd 131
Markt 134 f.
Mauer 124 f.
Mittelalter 122
Mönch 153
Münze 135
Musikant 131
Nennius 155
Ordensregeln 153
Page 139
Parzival 154
Pfeil 145
Pfennig 135
Pferd 123, 142, 145
Pike 150
Pilger 152
Reiten 139
Ritterburg 123
Ritterorden 152 f.
Ritterrüstung 141 ff.
Ritterschlag 138
Ritterfrau 131, 141
Rittermahl 133
Rock 141
Sage 155
Sänger, fahrender 131
Schießscharte 126, 129
Schild 143
Schlacht 150
Schlachtross 123
Schlachtschwert 145

Schleier 141
Schleppe 141
Schmied 131
Schutzmauer 126
Schwert 139, 143 ff.
Schwimmen 139
Seereise 151
Soldat, berittener 123
Spiele 131
Sporen 143
Stadt 134
Stall 126
Steinburg 125
Streitaxt 145
Streithammer 145
Tafel 133
Tafelrunde 154
Templer 152 f.
Töpfer 131
Treiber 136
Tristan 154
Turnier 123, 146 f., 155
Turnierkolben 145
Uniform 151
Verteidigung 126
Waren 134
Wasserburg 125
Wassergraben 124 f.
Wehrturm 126
Wurfmaschine 129
Wurfspeer 144
Zeremonie 138
Zugbrücke 129

Die Piraten

Inhalt

Wer waren die Piraten? 160

Wann lebten die Piraten? 162

Wo gab es überall Piraten? 164

Wie sah ein Piratenschiff aus? 166

Wie war das Leben auf See? 168

Welche Bordinstrumente gab es? 170

Welche Waffen hatte ein Pirat? 172

Wie kämpften die Piraten? 174

Wo verbargen die Piraten ihre Schätze? 176

Was taten die Piraten an Land? 178

Wo kauften die Piraten ein? 180

Wie kleideten sich die Piraten? 182

Wurden nur Männer Piraten? 184

Welche Gesetze hatten die Piraten? 186

Welche Flaggen hatten die Piraten? 188

Wann endete die Piratenzeit? 190

Welche berühmten Piraten gab es? 192

Prüfe dein Wissen! 194

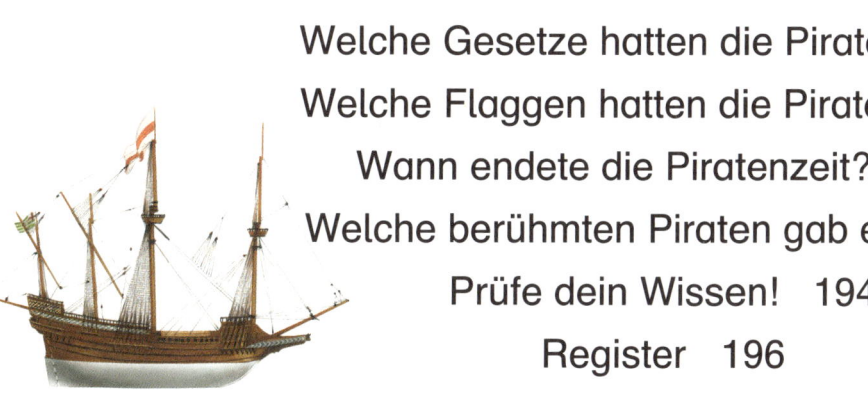

Register 196

Wer waren die Piraten?

Piraten waren Männer, die mit Schiffen auf Raubfahrt gingen. Draufgängerische Abenteurer und wilde Gesellen, die wegen ihrer Verbrechen gefürchtet waren. Es gab auch Piraten, die in Kriegszeiten sogar Genehmigungen ihrer Könige hatten, feindliche Schiffe zu überfallen und zu plündern. Sie nannte man Freibeuter oder Korsaren.

Ein kleines Piratenschiff kapert ein großes Handelsschiff.

Wie wurde man Pirat?

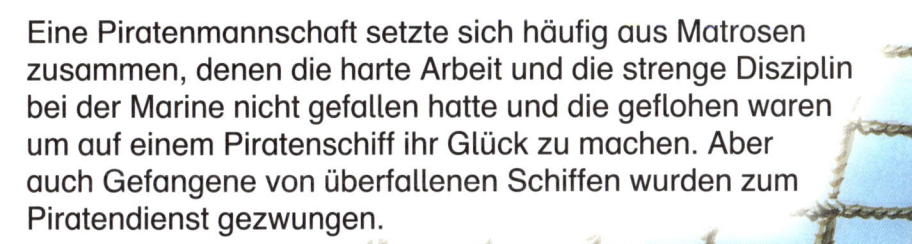

Eine Piratenmannschaft setzte sich häufig aus Matrosen zusammen, denen die harte Arbeit und die strenge Disziplin bei der Marine nicht gefallen hatte und die geflohen waren um auf einem Piratenschiff ihr Glück zu machen. Aber auch Gefangene von überfallenen Schiffen wurden zum Piratendienst gezwungen.

Ein Gefangener kann wählen: Tod oder Dienst als Pirat.

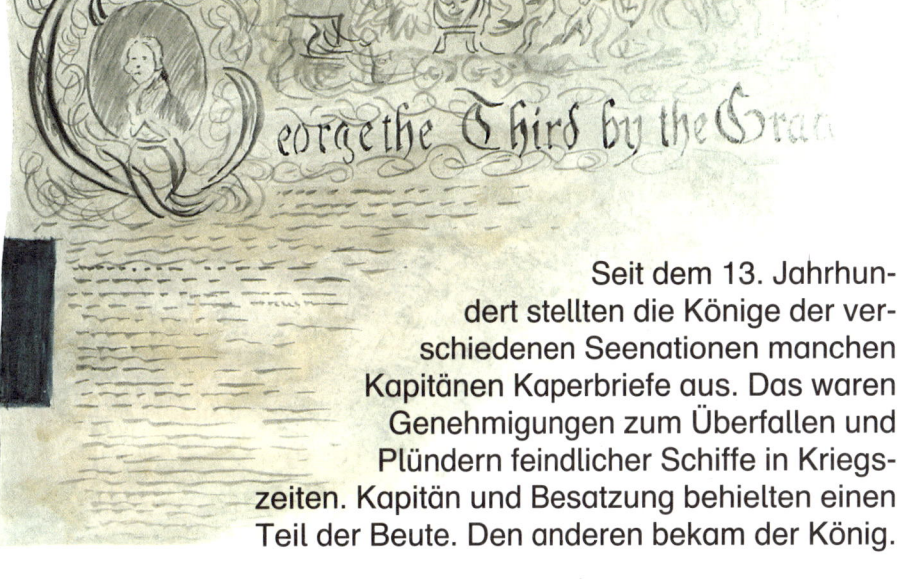

Kaperbrief des englischen Königs Georg III.

Für die USA ein Held, für England ein Pirat: der Kaperkapitän John Paul Jones.

Seit dem 13. Jahrhundert stellten die Könige der verschiedenen Seenationen manchen Kapitänen Kaperbriefe aus. Das waren Genehmigungen zum Überfallen und Plündern feindlicher Schiffe in Kriegszeiten. Kapitän und Besatzung behielten einen Teil der Beute. Den anderen bekam der König.

Wann lebten die Piraten?

Die Geschichte der Piraten ist so alt wie die Seefahrt selbst. Schon vor mehr als 4500 Jahren machten Piraten die Meere unsicher. Die Griechen nannten die Seeräuber „Peirates". Die große Zeit der Piraterie lag allerdings im 17. und 18. Jahrhundert. Das war die Zeit des größten Seehandels zwischen den Kontinenten.

Drachenschiff

- Rahsegel
- Drachenkopf
- Rah-Querstange
- Brasse
- Wikinger-Langschiff

- Bärenfellmütze
- Wolldecke
- Bänder halten die Beinkleider

Wikinger-Pirat
Im 9.–11. Jahrhundert verbreiteten die Wikinger in den nordischen Meeren Angst und Schrecken. Das altnordische Wort „vikinkr" bedeutet soviel wie Seeräuber.

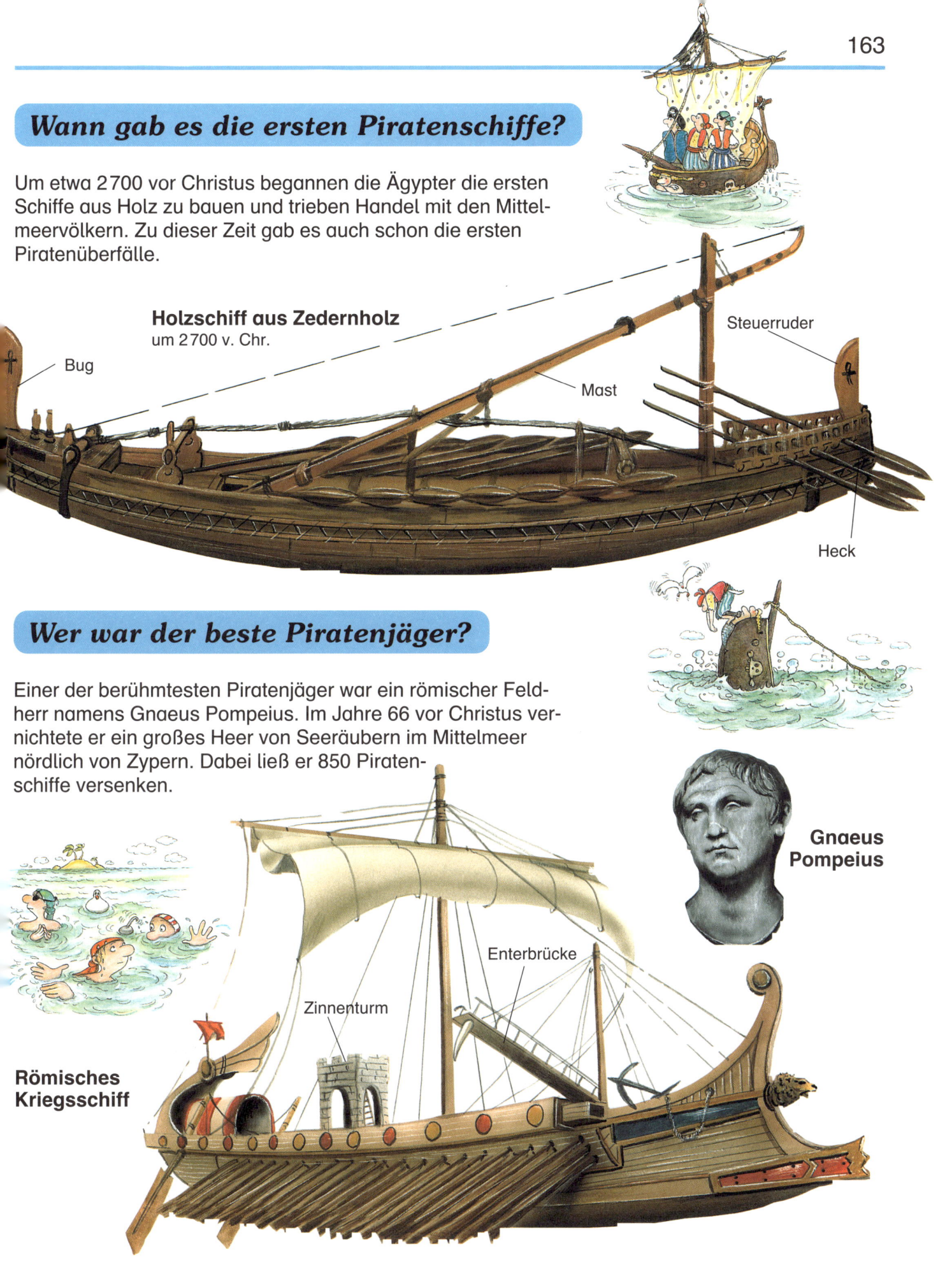

Wann gab es die ersten Piratenschiffe?

Um etwa 2700 vor Christus begannen die Ägypter die ersten Schiffe aus Holz zu bauen und trieben Handel mit den Mittelmeervölkern. Zu dieser Zeit gab es auch schon die ersten Piratenüberfälle.

Holzschiff aus Zedernholz
um 2700 v. Chr.

Bug — Mast — Steuerruder — Heck

Wer war der beste Piratenjäger?

Einer der berühmtesten Piratenjäger war ein römischer Feldherr namens Gnaeus Pompeius. Im Jahre 66 vor Christus vernichtete er ein großes Heer von Seeräubern im Mittelmeer nördlich von Zypern. Dabei ließ er 850 Piratenschiffe versenken.

Gnaeus Pompeius

Römisches Kriegsschiff

Zinnenturm — Enterbrücke

Wo gab es überall Piraten?

Piraten gab es überall auf den Weltmeeren. Die berühmtesten Jagdgründe waren Nord- und Ostsee, Mittelmeer, Karibik, Indischer Ozean und das Chinesische Meer. Man bezeichnete die Piraten der Karibik als Bukanier oder Flibustier; im Mittelmeerraum hießen sie Korsaren und an der Küste Nordafrikas lebten die Barbaresken.

François Lolonois
Er war der berüchtigste und grausamste Piratenkapitän der Bukanier.

Käpten Kidd
Er war ein glückloser Piratenjäger, der selbst ein Pirat wurde.

Wie lebten die Bukanier?

Die Bukanier hatten eine Landbasis auf der Insel Hispanola, dem heutigen Haiti. An Land jagten sie verwilderte Viehherden, deren Fleisch sie auf hölzernen Rosten räucherten. Das Fleisch sowie die Räucherstellen hießen „boucan". Davon leitet sich der Name dieser Piraten ab.

Ein Bukanier räuchert das in Streifen geschnittene Fleisch im Räucherhaus. Dadurch erhielt es auch einen besonderen Geschmack.

Durch das Räuchern wurde das Fleisch haltbar gemacht.

Zwei Bukanier-Piraten schließen einen Vertrag über ihr Besitztum ab.

Bukanier-Vertrag

Ursprünglich waren die auf der Insel Hispanola ansässigen Franzosen Jäger und Pflanzer gewesen. Der Seeräuberei gingen sie erst nach, als die Spanier sie von der Insel vertreiben wollten. Von da an war es bei den Bukaniern Sitte, dass jeweils zwei Männer ihre gesamte Habe zusammenlegten. Sie setzten einen Vertrag auf, in dem sie sich gegenseitig zusicherten, dass der Überlebende all das erben sollte, was beide je erworben haben. Dann ging einer auf Kaperfahrt und der andere pflanzte Tabak an.

Wie sah ein Piratenschiff aus?

Wenn die Seeräuber eine Prise gekapert hatten, das heißt ein Schiff erbeutet hatten, machten sie sich daran, es für ihre Zwecke umzurüsten. Um das Schiff schneller und kampffähiger zu machen, wurden oft Teile des Quarterdecks und der Reling oder das Steuerhaus und das Vorderdeck beseitigt.

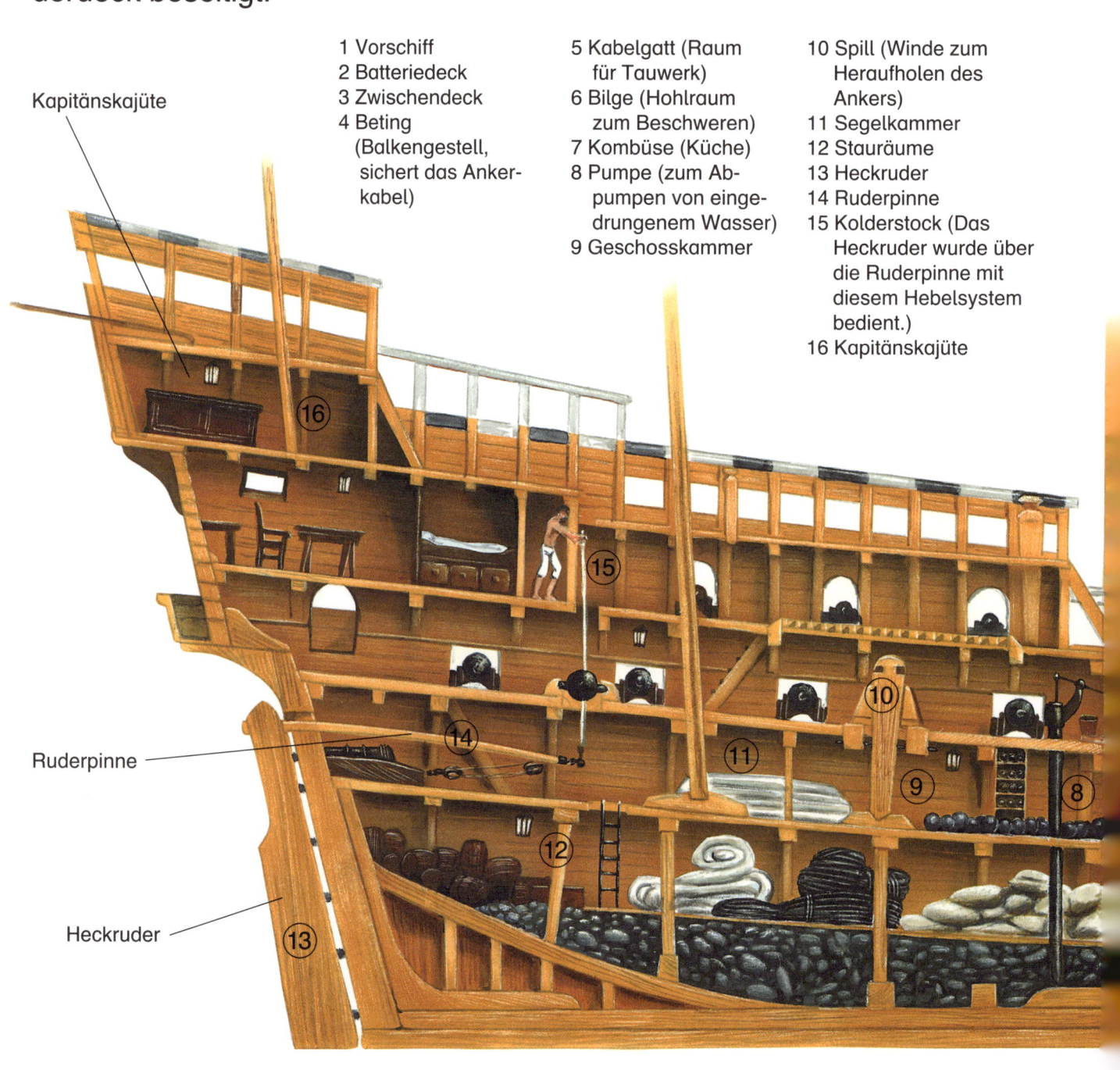

1 Vorschiff
2 Batteriedeck
3 Zwischendeck
4 Beting (Balkengestell, sichert das Ankerkabel)
5 Kabelgatt (Raum für Tauwerk)
6 Bilge (Hohlraum zum Beschweren)
7 Kombüse (Küche)
8 Pumpe (zum Abpumpen von eingedrungenem Wasser)
9 Geschosskammer
10 Spill (Winde zum Heraufholen des Ankers)
11 Segelkammer
12 Stauräume
13 Heckruder
14 Ruderpinne
15 Kolderstock (Das Heckruder wurde über die Ruderpinne mit diesem Hebelsystem bedient.)
16 Kapitänskajüte

Kapitänskajüte

Ruderpinne

Heckruder

Am Mastkorb (Krähennest) wurde das Tauwerk befestigt.

Kaperschiff
Typ: Viermastgaleone, um 1580
Länge: ca. 37 m,
Breite: ca. 8,70 m,
Tiefgang: 4,60 m,
Bewaffnung:
16 Achtzehnpfünder,
14 Neunpfünder
Besatzung: ca. 180 Mann

Längsschnitt durch eine Piratengaleone
Das Ruder wird mit Hilfe des Kolderstocks (15) bedient. Steuerräder wurden erst zu Beginn des 18. Jahrhunderts eingeführt.

Bugspriet mit Taubefestigung

Vorschiff

Zwischendeck

Wie war das Leben auf See?

Das Leben an Bord war auch für Piraten unbequem. Bei Seegang und rauhem Wetter mussten sie hinauf in die Takelage, das ist die Segelausrüstung eines Schiffes, und Segel setzen oder bergen. Das war oft lebensgefährlich. Bei Windstille gab es aber auch Zeiten zermürbender Langeweile. Es kam dann manchmal zum Streit unter den Männern.

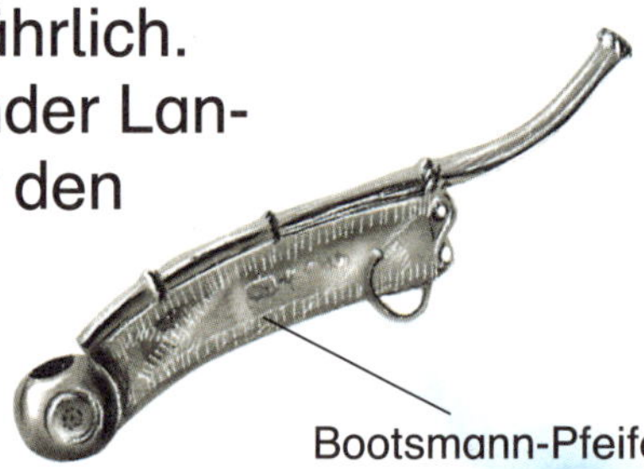

Bootsmann-Pfeife

Geknotete Seile

Piratenflagge

Das Deck musste regelmäßig geschrubbt werden.

Neunschwänzige Katze
Das ist eine Peitsche bestehend aus neun Strängen eines Seils, die am Ende geknotet sind. Wenn ein Pirat sich eines Vergehens schuldig machte, wurde er mit dieser Peitsche bestraft.

Einen Marlspieker benutzt der Segelmacher um zwei Tauwerkenden miteinander zu verbinden. Das nennt man „spleißen".

Tau

Welche Arbeit hatte ein Pirat an Bord?

Nach einem Sturm oder Kampf gab es auf dem Schiff viel zu reparieren. Segel und Taue mussten geflickt, Masten und Planken ausgebessert werden. Segelmacher, Schiffszimmermann und Böttcher waren wichtige Berufe auch an Bord eines Piratenschiffes.

Die Segel zu bergen war oft sehr gefährlich und es kam nicht selten zu schweren Unfällen.

Segelmacherwerkzeug

Marlspieker zum Spleißen

Werkzeugbeutel

Polierholz zum Glätten der Nähte

Nadeletui

Takelage

Der Böttcher
Das ist jemand, der Fässer herstellt und repariert. Für Seefahrer war das sehr wichtig, da in einem Proviantfass gepökeltes Rindfleisch und andere Nahrungsmittel sehr lange Zeit aufbewahrt werden konnten.

Welche Bordinstrumente gab es?

Um sich auf See zurechtzufinden hatten die Piraten nur sehr einfache Hilfsmittel. Für die Navigation (Orts- und Wegbestimmung) waren Kompass und Seekarten die wichtigsten. Durch die Beobachtung des Sonnenstandes und der Sterne konnte ein erfahrener Seefahrer den Weg bestimmen.

Seekarten
Das Arbeiten mit Seekarten war nur gebildeten Seeleuten vorbehalten, die des Lesens und Schreibens kundig waren. Hierfür wurden oft gefangene Marineoffiziere zum Piratendienst gepresst.

Die Abmessungen auf den Seekarten wurden mittels Stechzirkel übertragen.

Kompass
Die Magnetnadel des Kompasses zeigt immer nach Norden. So konnten die Piraten ihren Kurs ablesen.

Magnetstein
Mit solch einem Magneteisenstein wurden Kompassnadeln magnetisch gemacht.

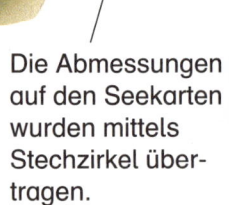

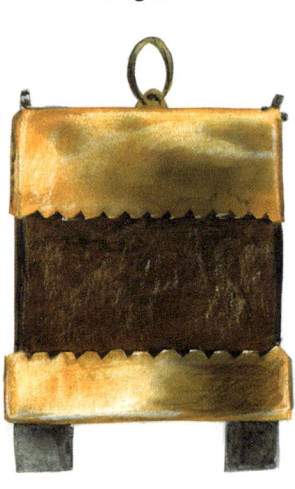

Schattenvisier

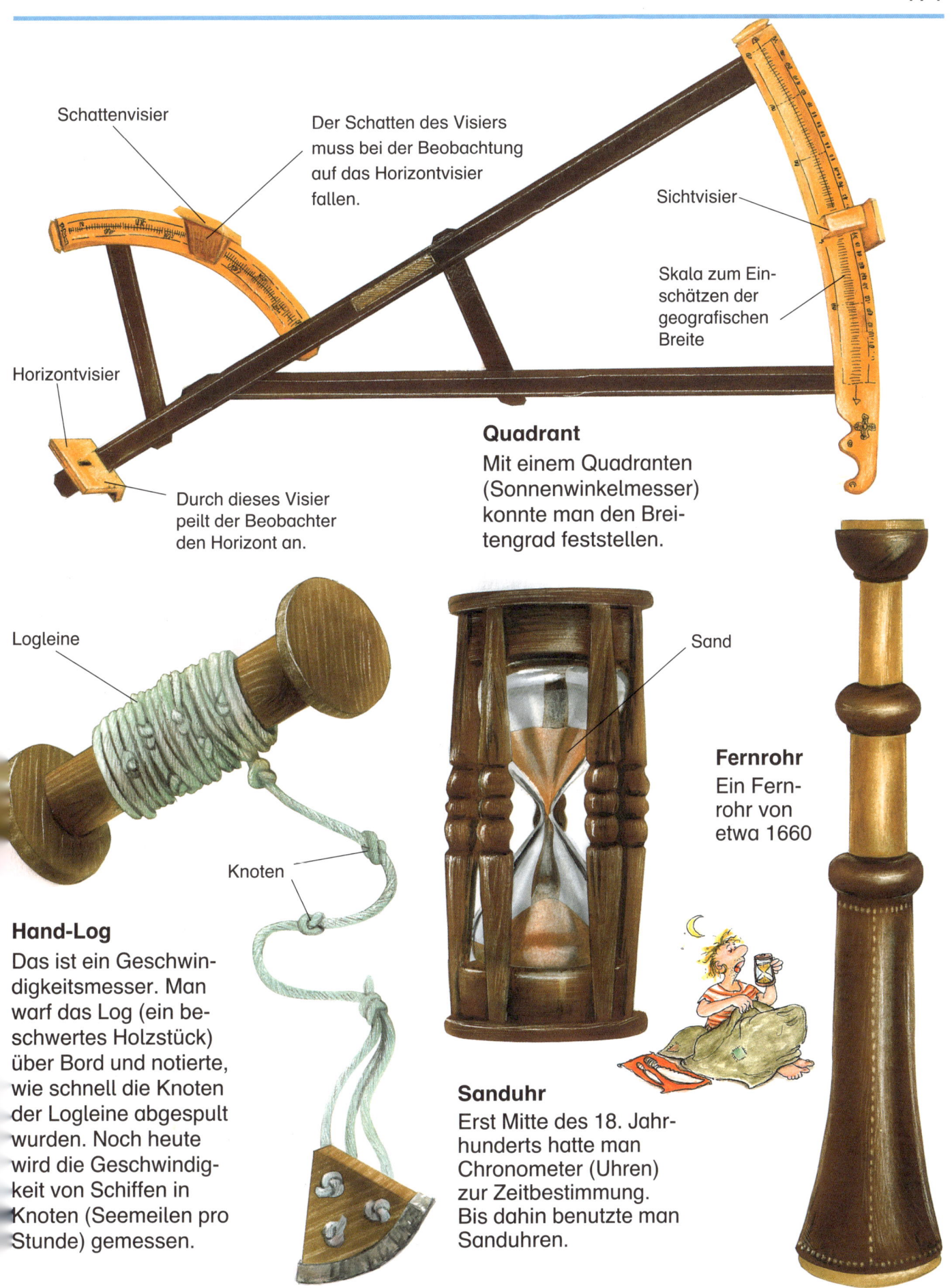

Der Schatten des Visiers muss bei der Beobachtung auf das Horizontvisier fallen.

Sichtvisier

Skala zum Einschätzen der geografischen Breite

Horizontvisier

Durch dieses Visier peilt der Beobachter den Horizont an.

Quadrant
Mit einem Quadranten (Sonnenwinkelmesser) konnte man den Breitengrad feststellen.

Logleine

Sand

Knoten

Fernrohr
Ein Fernrohr von etwa 1660

Hand-Log
Das ist ein Geschwindigkeitsmesser. Man warf das Log (ein beschwertes Holzstück) über Bord und notierte, wie schnell die Knoten der Logleine abgespult wurden. Noch heute wird die Geschwindigkeit von Schiffen in Knoten (Seemeilen pro Stunde) gemessen.

Sanduhr
Erst Mitte des 18. Jahrhunderts hatte man Chronometer (Uhren) zur Zeitbestimmung. Bis dahin benutzte man Sanduhren.

Welche Waffen hatte ein Pirat?

Ein Pirat sah manchmal aus wie eine wandelnde Waffenkammer. Für den Kampf auf engstem Raum trug er eine unentbehrliche Grundausrüstung mit sich. Entermesser und Enterbeil sowie Pistolen und Dolch durften nie fehlen. Mit einem Hieb des Enterbeils wurden armdicke Taue gekappt und damit fielen die Segel des Feindes.

Pulverhorn

Schießpulver

Pistolenkugeln

Um eine Pistole oder Muskete abfeuern zu können brauchte man Schießpulver.

Zündhahn

Zündpfanne

Lauf

Kolben

Die bevorzugte Schußwaffe war die Pistole. Man hatte zwar nur einen Schuß, aber ihr Kolben diente auch als Keule.

Dolch

Richtkeil um die Höhe des Kanonenrohrs einzustellen

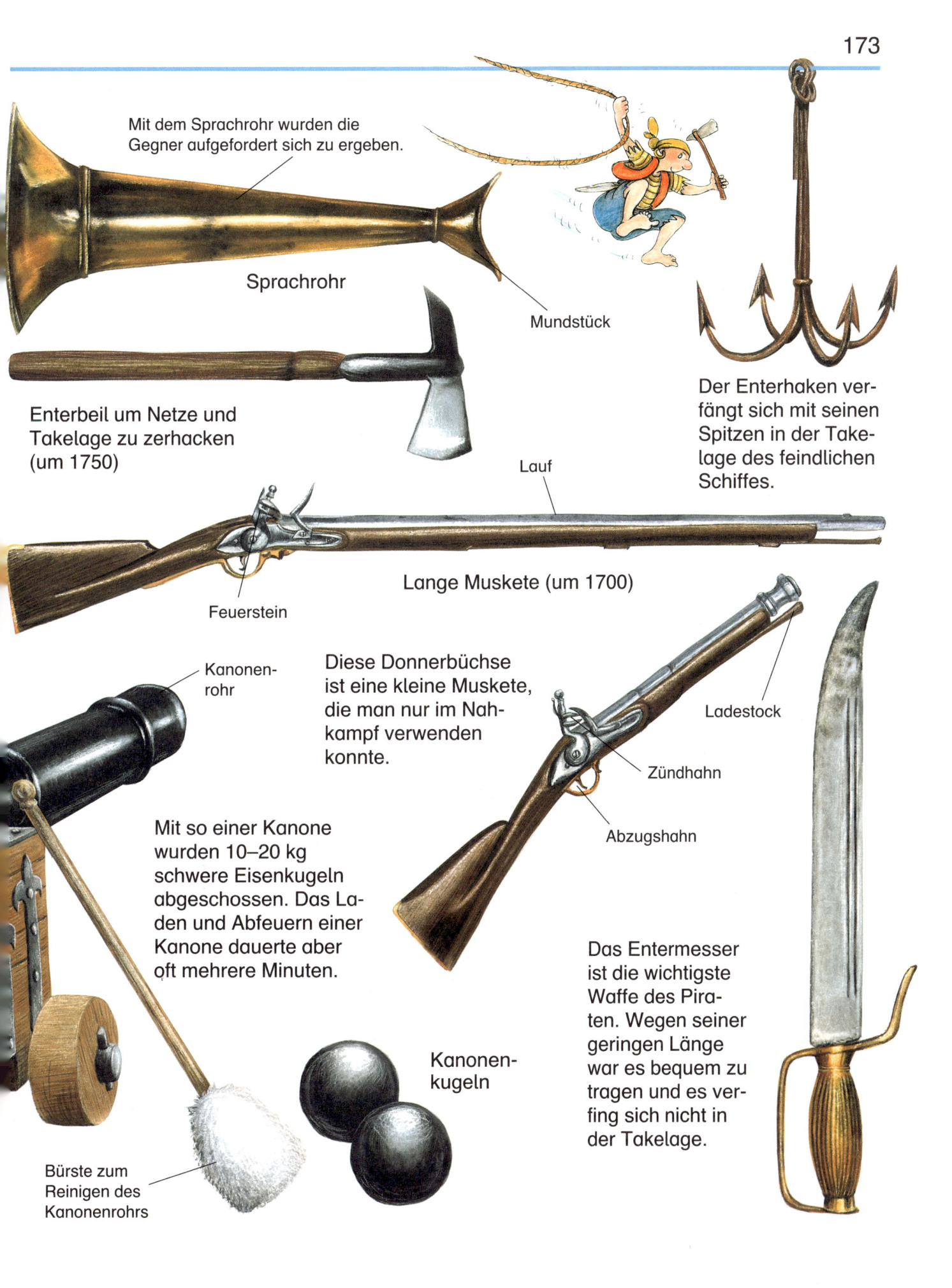

Mit dem Sprachrohr wurden die Gegner aufgefordert sich zu ergeben.

Sprachrohr

Mundstück

Der Enterhaken verfängt sich mit seinen Spitzen in der Takelage des feindlichen Schiffes.

Enterbeil um Netze und Takelage zu zerhacken (um 1750)

Lauf

Lange Muskete (um 1700)

Feuerstein

Kanonenrohr

Diese Donnerbüchse ist eine kleine Muskete, die man nur im Nahkampf verwenden konnte.

Ladestock

Zündhahn

Abzugshahn

Mit so einer Kanone wurden 10–20 kg schwere Eisenkugeln abgeschossen. Das Laden und Abfeuern einer Kanone dauerte aber oft mehrere Minuten.

Kanonenkugeln

Das Entermesser ist die wichtigste Waffe des Piraten. Wegen seiner geringen Länge war es bequem zu tragen und es verfing sich nicht in der Takelage.

Bürste zum Reinigen des Kanonenrohrs

Wie kämpften die Piraten?

Mit kleinen wendigen Schiffen versuchten die Seeräuber sich unbemerkt ihrem Opfer zu nähern. In einem Blitzangriff wurden die Enterhaken, die an Seilen befestigt waren, auf das gegnerische Schiff geworfen. Dann schwangen sich die Piraten an den Seilen hinüber und oft begann ein wilder Kampf mit Messern und Pistolen.

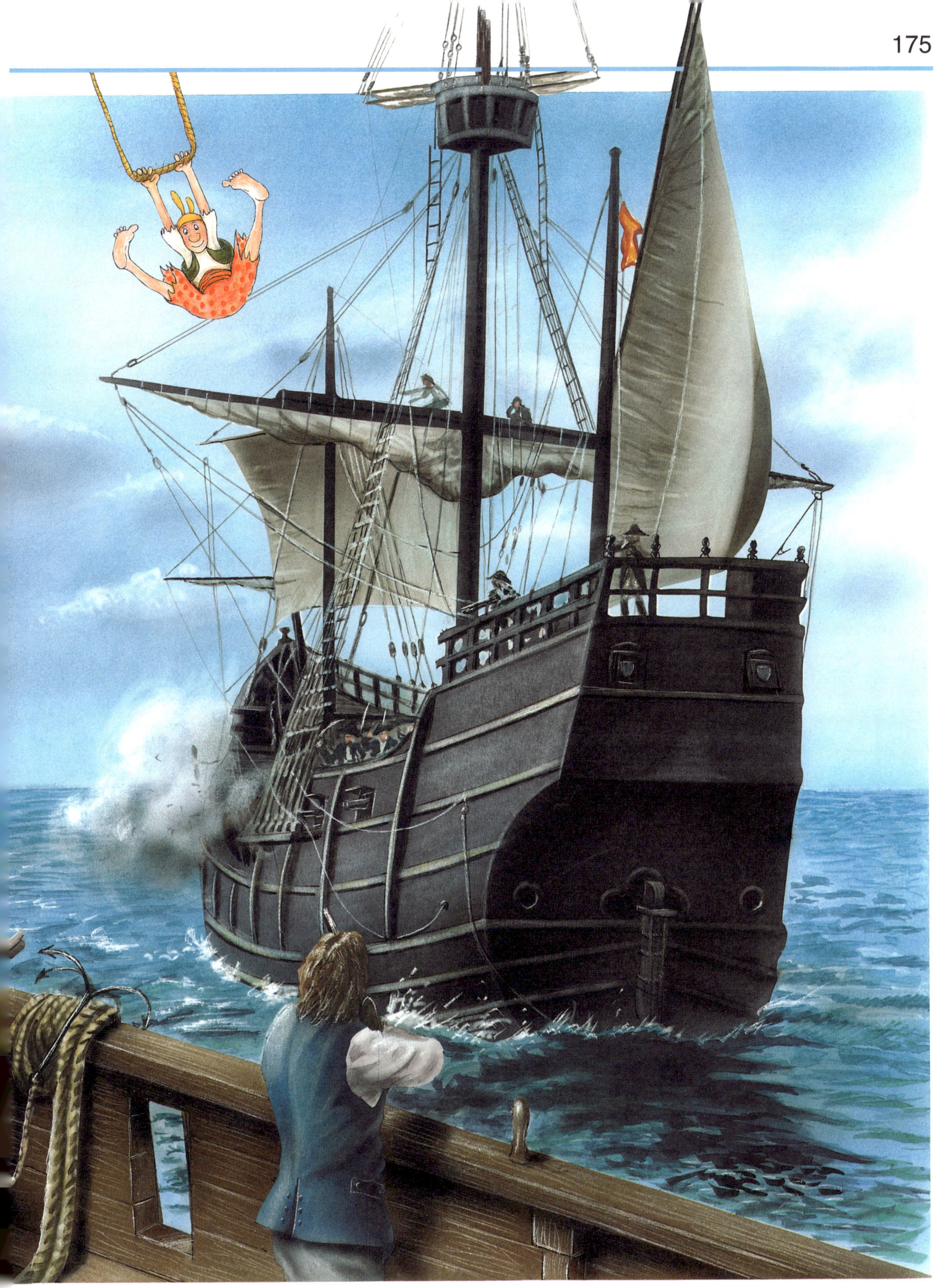

Wo verbargen die Piraten ihre Schätze?

Aus Legenden erfahren wir, dass die Piraten ihre Schätze oft im Sand tropischer Buchten vergruben. Überlieferungen tatsächlicher Ereignisse sind äußerst selten. Gewöhnlich brachten die Seeräuber die Beute an Land, wo sie aufgeteilt wurde. Oft verprassten die Männer ihren Anteil in wenigen Tagen mit Saufgelagen, Glücksspielen und Frauen.

Käpten Kidd landet auf Long Island.

Muskete

Schatztruhe

Käpten Kidd versteckt im Jahr 1699 auf Long Island (New York) einen Schatz.

Wie sah ein Piratenschatz aus?

Meistens bestand die Beute aus Proviant, Waffen, Seide und Gewürzen, die dann verkauft wurden. Ein Schatz aus Gold, Silber und Edelsteinen war eher selten. Den größten Gewinn machten die Piraten mit Sklavenhandel und dem Erpressen von Lösegeld für Gefangene.

Gold-Dublone

Stück vom Achten

Granat

Malachit

Saphirring

Geldtruhe aus dem 16. Jahrhundert

Schatzkarte

Wie wurde die Beute verteilt?

Die Aufteilung der Beute wurde nach strengen Regeln vorgenommen. Der Piratenkapitän erhielt meist das 2,5fache von dem, was ein einfacher Pirat bekam. Schiffsarzt, Steuermann und Maat erhielten das 1,25fache. Der Schiffszimmermann, der nicht sein Leben riskieren musste, hatte sich mit etwas weniger zufrieden zu geben.

Die Aufteilung der Beute fand oft an Land statt.

Was taten die Piraten an Land?

Die meiste Zeit verbrachten die Seeräuber auf ihren Schiffen. Nach monatelangen Seefahrten kehrten sie auf ihre geheimen Landstützpunkte zurück. Dort besserten sie ihre Schiffe aus und beluden sie mit neuem Proviant und frischem Trinkwasser. Manche Piraten aber lebten die meiste Zeit an Land, wo sie jagten oder sogar Ackerbau betrieben.

Wo wohnten die Piraten?

An Land wohnten die Piraten in Hütten. In den wärmeren Gebieten lebten sie einfach unter freiem Himmel, aßen, tranken und schliefen in freier Natur. Ein Pirat wurde nie richtig sesshaft, es sei denn, er wurde sehr alt.

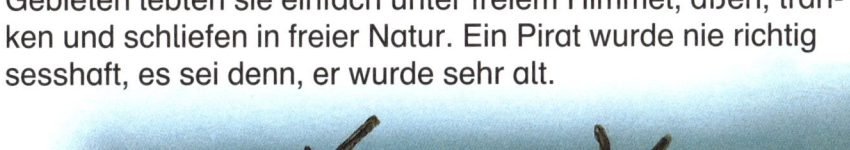

Wo wurden die Schiffe repariert?

Wenn ein Schiff repariert werden musste, brachte man es in eine versteckt gelegene Bucht. Einrichtung und Ladung wurden von Bord geschafft und das Schiff wurde mit Seilwinden und Taljen (Flaschenzüge) auf den Strand gelegt.

Wo kauften die Piraten ein?

Die Beute der Seeräuber wurde in sicheren Häfen verkauft, wo sie weit unter ihrem tatsächlichen Wert zu haben war. Deshalb fragte auch kein Kunde, woher die Ware stammte. Mit dem Geld konnten die Piraten dann ihre eigene Ausrüstung und Verpflegung ganz rechtmäßig erwerben.

In einem Hafen bietet ein Pirat seine Beute zum Verkauf an.

Wie ernährten sich die Piraten?

Die Verpflegung an Bord eines Seeräuberschiffes war karg und eintönig. In der Regel bestand sie aus hartem Schiffszwieback und gesalzenem Fleisch. Das Trinkwasser in den Fässern fing nach einer Woche an zu faulen. Viele Piraten starben an „Skorbut", einer Krankheit, die durch Mangel an Vitamin C ausgelöst wurde.

Schildkröte
Schildkröten waren eine der wenigen Frischfleischquellen für Piraten.

Vitamin C
Mitte des 18. Jahrhunderts hatte man den Mangel an Vitamin C als Ursache von Skorbut entdeckt. Von da an gehörten Zitrusfrüchte zum Schiffsproviant.

Zwieback
Diese Hauptnahrung wurde von den Piraten oft nur im Dunkeln gegessen, damit sie die Maden nicht sahen.

Geschirr
Becher und Teller aus Zinn waren zwar oft vorhanden, aber die Essmanieren der Piraten machten Geschirr eigentlich überflüssig.

Kombüse
Auf kleineren Schiffen hatte man gusseiserne Feuerstellen um an Deck zu kochen.

Kautabak
Da das Rauchen an Bord sehr gefährlich war, kauten die Piraten Tabak.

Alkohol
Da Trinkwasser schneller verdarb, schlangen die Piraten ihr Essen meist mit Bier oder Wein hinunter.

Wie kleideten sich die Piraten?

Piraten trugen die Kleidung ihrer Zeit wie andere Seeleute auch. Da sie aber keine Kleiderordnung hatten wie die Besatzungen der Marineschiffe, glichen sie einem bunt zusammengewürfelten Haufen. Sie wechselten ihre Kleidung nur, wenn sie auf einem gekaperten Schiff neue erbeutet hatten. Bis dahin sahen sie oft verwahrlost aus.

Der häufigste Kopfschmuck waren Tücher, worüber man oft noch einen Hut trug.

In wärmeren Gebieten waren die Piraten nur mit einem einfachen Hemd bekleidet und liefen barfuß.

Weitgeschnittene Baumwolljacke

Buntes Hemd aus Leinen

An diesem Lederband wurden die Waffen befestigt.

Schärpen waren praktisch um die Pistolen hineinzustecken.

Aus Segeltuch wurden auch Kleider selbst genäht.

Pistolengürtel

Segeltuchhose

Die Hose wurde mit Öl eingerieben und wasserdicht gemacht.

Die Kopfbedeckung schien den Piraten besonders wichtig. Ein Hut wie dieser Dreispitz war ein beliebtes Beutestück.

Seemannshut (18. Jh.)

Oft trugen die Seeräuber noch ihre alten Marineuniformen, nachdem sie geflohen waren.

Reichbestickter Plüschmantel eines Edelpiraten

Ende des 18. Jahrhunderts begann man solche langen Hosen zu tragen.

Steinschlosspistole

Kniehose

Spangenschuh aus Leder (um 1750)

Spange

Wurden nur Männer Piraten?

In der Geschichte der Piraterie gab es auch Frauen. Berühmt wurden Anne Bonny und Mary Read, die zunächst als Männer verkleidet zur See fuhren. Anne heiratete später den Piratenkapitän John Rackam, genannt „Calico Jack", und ging mit ihm auf Raubfahrt. In dieser Zeit stieß auch Mary Read, als Mann verkleidet, zu ihnen. Beide Frauen waren gefürchteter als mancher männliche Pirat.

Anne Bonny
Sie wurde in Irland geboren und wuchs in South Carolina auf. Später heiratete sie James Bonny, einen Matrosen, der sie ins Piratennest New Providence brachte. Dort lernte sie John Rackam kennen. In Männerkleidung schloss sie sich Rackams Mannschaft an.

Mary Read
Sie war wie Anne ein uneheliches Kind. Ihre Mutter hatte sie in Jungenkleider gesteckt, um die Verwandten zu täuschen. Später kämpfte sie in der englischen Armee und diente auf einem holländischen Schiff, das von Rackam gekapert wurde.

Welche anderen Piratinnen gab es noch?

Bereits in römischer Zeit gab es eine Piratin names Teuta, die die griechische Küste beherrschte. Um 1100 führte die Gotländerin Alwilda in der Ostsee das Kommando über ein Piratenschiff mit weiblicher Besatzung. Die Chinesin Ching aber war wohl die berühmteste aller Piratinnen.

Teuta

Griechisches Piratenschiff

Wer war Madame Ching?

Die Dame Ching Yih Saoa war die Witwe eines Admirals, der als Freibeuter des chinesischen Kaisers in Ungnade gefallen war. Frau Ching befehligte 1807 eine Flotte von 1 800 Dschunken mit mehr als 70 000 Besatzungsmitgliedern, darunter auch Frauen.

Dschunke

Rah — Hauptmast — Besanmast — Anker

Chinesische Piratin

Welche Gesetze hatten die Piraten?

Selbst die freiheitsliebenden Seeräuber hatten bestimmte Regeln für ihr Zusammenleben. Es gab Gesetze und Strafen. Im 17. Jahrhundert verfügten die Piraten der Karibik sogar über eine eigene Krankenkasse. Bei Verlust eines Ohres, Armes oder Beines gab es Schmerzensgeld in unterschiedlicher Höhe.

Piraten-Gesetz

I. Jeder hat gleiches Stimmrecht und ein Anrecht auf Proviant und Schnaps.

II. Jeder hat einen Anspruch auf einen Teil der Beute und auf einen Kleiderwechsel. Wenn ein Mann die Gemeinschaft um einen Teil der Beute betrügt, so wird er auf einer Insel ausgesetzt. Wenn ein Mann einen anderen beraubt, so werden ihm Nase und Ohren abgeschnitten.

III. Niemand darf an Bord um Geld spielen, weder mit Würfeln noch mit Karten.

IV. Lichter müssen um acht Uhr abends gelöscht werden.

Was geschah mit den Gefangenen?

Die Piraten hatten viele grausame Methoden um ihre Gefangenen zu foltern oder zu bestrafen. Der Kapitän eines gekaperten Schiffes wurde mit dem Rest seiner Mannschaft auf einer einsamen und entlegenen Insel ausgesetzt. Die übrigen Mitglieder der Mannschaft waren zu den Piraten übergelaufen, falls diese sie nicht getötet hatten.

Wurden Seeleute ausgesetzt, erwartete sie meist ein qualvoller Hungertod.

V. Gewehr und Waffen müssen jederzeit gefechtsbereit sein.
VI. Weder Knabe noch Frau ist an Bord erlaubt.
VII. Wer seinen Posten während eines Gefechts verlässt, wird mit dem Tod bestraft.
VIII. Prügeleien sind an Bord verboten. Streit wird an Land mit Säbel und Pistole ausgetragen.
IX. Keiner darf das Piratenleben aufgeben, ehe nicht ein jeder einen Anteil von 1000 Pfund hat.
X. Der Kapitän und der Quartermeister erhalten jeweils 2 Anteile der Beute. Geschützmeister und Bootsmann 1,5 Anteile, alle andern Offiziere 1,25 Anteile, einfache Männer 1 Anteil.

Welche Flaggen hatten die Piraten?

Die Piraten hatten viele verschiedene Flaggen, aber am häufigsten findet man auf ihnen den Totenkopf mit den gekreuzten Knochen oder ein Skelett. Die bekannte Darstellung des Totenkopfs mit den gekreuzten Knochen erfand der französische Pirat Emanuel Wynne um 1700. In England wurden die Piratenflaggen „Jolly Roger" genannt.

Flagge von John Rackam, genannt „Calico Jack"

Flagge von John Avery oder „Henry Every", wie er sich selbst nannte.

Flagge von Edward Teach, genannt Schwarzbart (Blackbeard)

Flagge von Bartholomew Roberts

Wozu waren die Flaggen gedacht?

Die Flaggen sollten die Opfer der Piraten erschrecken und zeigen, was ihnen bevorstand. Zum Beispiel bedeutete ein Totenkopf mit gekreuzten Knochen und einem Stundenglas darunter, dass die Zeit der Opfer abgelaufen war und der Tod auf sie wartete.

Flagge von Thomas Tew

Flagge von Emanuel Wynne, dem Erfinder des Totenkopfbildes

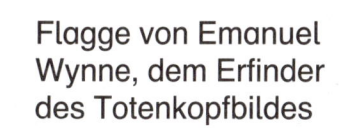

Jolly Roger

Die Bezeichnung der Piratenflagge als „Jolly Roger" geht vermutlich auf folgenden Ursprung zurück: Es war die Gewohnheit der Piraten während des Kampfes eine Schlachtflagge am Hauptmast zu setzen. Für den Fall, dass keine Gnade gewährt und keine Nachsicht geübt werden sollte, war die Flagge rot. Die französischen Bukanier nannten sie daher „la jolie rougère", was soviel heißt wie „die hübsche Rote". Die Engländer machten dann daraus „Jolly Roger". Eine andere Deutung führt diese Bezeichnung auf den arabischen Namen „Ali Rajah" (König der See) zurück.

Flagge von Christopher Moody. Das Stundenglas hat Flügel. Das bedeutet, die Zeit der Opfer vergeht wie im Flug.

Wann endete die Piratenzeit?

Mitte des 19. Jahrhunderts war die Zeit der Piraten endgültig vorbei. Zwar endete das goldene Zeitalter der Piraterie schon um etwa 1722, als auch der große Pirat Bartholomew Roberts im Kampf starb, aber um 1800 war das Piratentum noch einmal erblüht. Das Ende des amerikanisch-englischen Krieges und der napoleonischen und lateinamerikanischen Kriege hatte viele arbeitslos gewordene Soldaten in die Piraterie getrieben.

Chaloner Ogle, Kapitän der Swallow, führte im Februar 1722 Bartholomew Roberts Untergang herbei. Dafür wurde er in den Adelsstand erhoben.

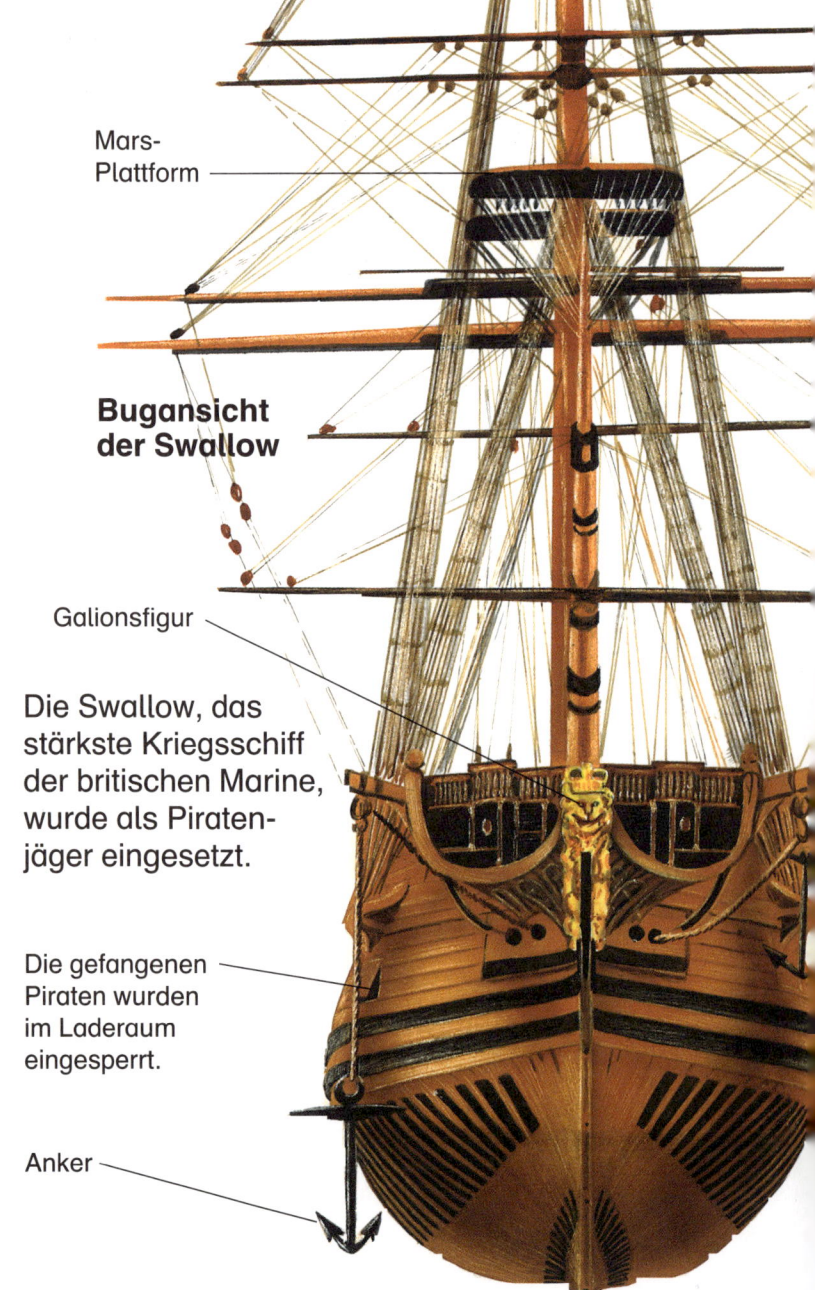

Bugansicht der Swallow

Wanten

Mars-Plattform

Galionsfigur

Die Swallow, das stärkste Kriegsschiff der britischen Marine, wurde als Piratenjäger eingesetzt.

Die gefangenen Piraten wurden im Laderaum eingesperrt.

Anker

Wer waren die letzten Piratenjäger?

Der amerikanische Kommodore David Porter wurde vom Kongress beauftragt die Piraterie bei den Westindischen Inseln (Karibik) zu beenden. Mit der damals ungeheuren Summe von 500 000 Dollar stellte Porter eine Piratenjägerflotte zusammen, die schließlich bis 1825 die Piraten schlug und vertrieb. 1849 gelang dies auch dem Engländer James Brooke in Malaysia.

David Porter

Mit fünf solchen Schonern, einem Dampfschiff und fünf leichten Flachbooten besiegte David Porter die letzten Piraten in der Karibik.

Schoner

- Gaffel
- Hauptmast
- Baum
- Want
- Stag
- Bugspriet

Welche berühmten Piraten gab es?

Unter den Tausenden Piraten waren einige sehr berühmt, so z.B. der furchterregende Schwarzbart, der glücklose William Kidd, Henry Morgan, der Gouverneur von Jamaika wurde, René Duguay Trouin, ein Günstling Ludwig des XIV., Robert Surcouf, ein Nachfahre Trouins, und nicht zuletzt der berühmteste von allen: Sir Francis Drake. Die einen raubten, mordeten und plünderten aus Gewinnsucht und die anderen taten es für Ruhm, Volk und Vaterland.

René Duguay Trouin
Er ist der bekannteste französische Korsar. Bereits im Alter von 23 Jahren hatte er mehr als 300 Schiffe geentert.

Um seine Gegner zu erschrekken steckte sich Schwarzbart brennende Lunten unter den Hut

Schwarzbart war ein wandelndes Waffenarsenal. Er trug sechs Pistolen, eine Muskete und ein Schwert mit sich.

Schwert

Muskete

Einige berühmte Piraten

Jean Bart	1651–1702
René Duguay Trouin	1673–1736
Robert Surcouf	1773–1827
Henry Morgan	1635–1688
Jean Lafitte	1780–1826
John Avery	1665–1728
William Kidd	1645–1701
John Hawkins	1532–1595
Bartholomew Roberts	1682–1722
Edward Teach (Blackbeard)	1680–1718

Käpten Schwarzbar
Nur zwei Jahre dauerte die Schreckensherrschaft von Edward Teach, genannt Blackbeard, ehe e 1718 im Kamp getötet wurde

Wer war Sir Francis Drake?

Francis Drake war wohl einer der gefeiertsten Piraten und Seefahrer überhaupt. Er war ein Neffe von John Hawkins, mit dem er viele gemeinsame Kaperfahrten unternahm. 1579 schlug ihn Königin Elisabeth I. von England zum Ritter. Der adelige Pirat machte noch viele Beutezüge für die Königin. 1588 besiegte er die spanische Armada, die Flotte, die England angreifen wollte.

Sir Francis Drake

Drakes Flaggschiff

Golden Hind
(Goldene Hirschkuh)
Typ: Dreimastgaleone
Baujahr: um 1560

Wer war Klaus Störtebeker?

Er war keiner jener Piratengestalten, denen man für ihre Ideale oder Verwegenheit Sympathie entgegenbrachte. Die Geschichte beschreibt ihn als beutegierigen und grausamen Menschen. Im Jahre 1401 wurde er in Hamburg hingerichtet.

Hansekogge
um 1350

Klaus Störtebeker

Prüfe dein Wissen!

Zu den Bildern auf dieser Seite wird dir jeweils eine Frage gestellt. Wenn dir die Antwort nicht einfällt, dann suche im Buch einfach die abgebildete Illustration.

Weshalb trägt dieser Pirat eine Uniform?

Wozu brauchte man dieses Instrument?

Wessen Flaggschiff ist das?

Was machten die Piraten mit diesem Beil?

Wie heißt der Pirat?

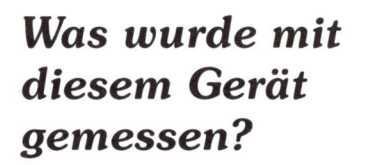

Was wurde mit diesem Gerät gemessen?

In welchen Meeren segelte dieser Pirat?

195

Wie bezeichnet man einen Quadranten noch?

Wann verwendeten die Piraten diese Donnerbüchse?

Was trägt er unter seinem Hut?

Was für eine Waffe ist das?

Wessen Flagge ist das?

Welchen Namen führt dieses Schiff?

Register

Avery, John 188
Barbareske 164
Beute 161, 166, 176, 177, 180, 186, 187
Bonny, Anne 184
Böttcher 169
Brooke, James 191
Bukanier 164, 165
Chinesisches Meer 164
Ching, Yih Saoa 185
Dampfschiff 191
Dolch 172
Drachenschiff 162
Drake, Francis 192, 193
Dreispitz 183
Enterbeil 173
Enterbrücke 163
Enterhaken 173, 174
Entermesser 173
Fernrohr 171
Flibustier 164
Freibeuter 160
Gefangener 161, 187
Golden Hind 193
Haiti 165
Hand-Log 171
Hansekogge 193
Hispanola 165
Horizontvisier 171
Indischer Ozean 164
Jolly Roger 188, 189
Jones, John Paul 161
Kampf 174, 175
Kanone 173
Kaperbrief 161
Kaperfahrt 165, 193
Karibik 164, 186, 191
Katze, neunschwänzige 168
Kautabak 181
Kidd, William 164, 176, 192
Kleidung 182, 183
Kompass 170
Korsar 160, 164

Kriegsschiff, römisches 163
Landstützpunkt 178
Lolonois, François 164
Lösegeld 177
Maat 177
Marineuniform 183
Marlspieker 168
Matrose 161
Mittelmeer 163, 164
Moody, Christopher 189
Morgan, Henry 192
Muskete 173
Navigation 170
Nordafrika 164
Nordsee 164
Ogle, Chaloner 38
Ostsee 12
Piratenflagge 188, 189
Piratengesetz 186, 187
Piratenkapitän 177
Piratenschiff, griechisches 185
Piratinnen 184, 185
Pistole 172, 174, 187
Pompeius, Gnaeus 163
Porter, David 191
Prise 166
Pulverhorn 172
Quadrant 171
Quarterdeck 166
Rackam, John 184, 188
Rahsegel 162
Read, Mary 184
Roberts, Bartholomew 188, 190
Sanduhr 171
Schattenvisier 171
Schatz 176, 177
Schoner 191
Schwarzbart 188, 192
Seefahrt 162
Seekarte 170
Seemannshut 183
Segelmacherwerkzeug 169
Sichtvisier 171

Skorbut 181
Spangenschuh 183
Stechzirkel 170
Steuermann 177
Störtebeker, Klaus 193
Strafe 186
Surcouf, Robert 192
Swallow 190
Teach, Edward 188, 192
Teuta, 185
Tew, Thomas 189
Totenkopf 187, 189
Trinkwasser 181
Trouin, René Duguay 192
Verpflegung 180, 181
Vitamin C 181
Waffen 172, 173
Wikinger 162
Wynne, Emanuel 188, 189
Zinnenturm 163
Zwieback 181
Zypern 163

Die Indianer

Inhalt

Wer gab den Indianern ihren Namen? 198
Wie sehen die Indianer aus? 200
Was glauben die Indianer? 202
Wie verständigten sich die Indianer? 204
Wie lebten die Indianer? 206
Wie wurden kleine Indianer groß? 208
Wie wohnten die Indianer? 210
Wie kleideten sich die Indianer? 212
Wofür brauchten die Indianer den Büffel? 214
Welche Berufe hatten die Indianer? 216
Wann gingen die Indianer auf Kriegspfad? 218
Was waren die Waffen der Indianer? 220
Wie jagten die Indianer? 222
Wer wurde Indianerhäuptling? 224
Was für Kunst gab es bei den Indianern? 226
Warum zogen Indianer durch die Prärie? 228
Welche Transportmittel hatten die Indianer? 230
Prüfe dein Wissen! 232
Register 234

Wer gab den Indianern ihren Namen?

Das war Christoph Kolumbus, der Entdecker Amerikas. Der Name „Indianer" zeigt, dass Kolumbus einem großen Irrtum aufgesessen war. Denn als er vor 500 Jahren Amerika entdeckte, glaubte er, in Indien zu sein. Deshalb nannte er die ersten Menschen, denen er am Strand begegnete, Indianer.

Wo leben die Indianer?

Die verschiedenen Indianergruppen haben sich schon vor Jahrtausenden über ganz Amerika verteilt. Die Hauptgruppen wie die Küstenindianer, die Prärieindianer, die Waldindianer, die Pueblo-Indianer, die Azteken und die Maya-Indianer unterteilen sich in viele Stämme.

Vor vielen tausend Jahren sind die Indianer aus Asien nach Amerika eingewandert. Ihr Weg führte über eine schmale, eisige Landbrücke im Norden. Sie ist später im Meer versunken.

Blackfeet
Sioux
Cheyenne
Schoschonen
Cree
Waldindianer
Irokesen
Prärieindianer
Shawnee
Küstenindianer
Navajo
Apachen
Comanchen
Seminolen
Azteken

Wie sehen die Indianer aus?

Das Aussehen der Indianer ist recht unterschiedlich. Es hängt sehr von der Umwelt ab, in der sie leben, und von der Arbeit, der sie nachgehen. So unterscheidet sich ein Seminole, der im sumpfigen Dschungel Floridas lebt, in seinem Äußeren sehr von einem Apachen aus den heißen Kaktuswüsten Arizonas.

Wie heißen die bekanntesten Indianerstämme?

Wer an Indianer denkt, so wie wir sie aus Filmen und Abenteuerbüchern kennen, meint vor allem zwei Stämme. Da ist einmal der Stamm der Sioux (sprich: Suh). Sie sind die Indianer mit Federhaube, Lederbekleidung, Pferden, Tipi und Bisons. Der andere berühmte Stamm sind die Apachen. Die Sioux und die Apachen sind aber nur zwei von vielen Stämmen.

Ein Cheyennekrieger mit seiner Tanzhaube. Die Cheyenne gehören ebenso wie die Sioux zu den Prärieindianern.

Osceola war ein berühmter Häuptling der Seminolen, die in Florida, im Südosten Nordamerikas, lebten.

Die Namen der wichtigsten Indianerstämme: Mit Stammesvermischungen und Untergruppen gab es wohl mehrere hundert.

Indianer in neuer Heimat

Die meisten Indianervölker leben schon lange nicht mehr in ihren ursprünglichen Heimatgebieten, denn schon bald nach Kolumbus strömten viele weiße Siedler und Abenteurer in das neue Land und nahmen den Indianern ihr Eigentum weg. Sie rodeten die Wälder, schossen die Büffel ab und vertrieben die Menschen. Die Überlebenden wurden in Reservate verbannt. Das sind Gebiete, in denen nur Indianer leben. Ein Großteil der indianischen Bevölkerung in den USA lebt noch heute in Reservaten.

Apachen	Delaware	Osage
Algonkin	Fox	Paiute
Arapahoe	Hopi	Pawnee
Blackfeet	Huronen	Powhatan
Cherokee	Irokesen	Sauk
Chickasaw	Kiowa	Seminolen
Comanchen	Mandan	Shawnee
Cree	Mohikaner	Shoshone
Cheyenne	Navajo	Sioux
Crow	Nez Percé	Ute
Chippewa	Nootka	Wichita

Was glauben die Indianer?

Die Indianer empfinden sich selbst als einen Teil der Erde und Natur, in der sie die Kraft Manitus, des „Großen Geistes", sehen. Wer gegen die Natur sündigt, sie zerstört und ausbeutet, beleidigt Manitu, den Großen Geist.

Zu den wichtigsten Mitgliedern eines Indianerstammes zählt der Medizinmann. Er ist Zauberarzt, Priester, Wahrsager und Weiser in einer Person.

Der so genannte Totempfahl war vor allem bei den Küstenindianern des Nordwestens verbreitet.

Ein Totem ist das religiöse Symbol einer jeden Sippe. Meistens ist es ein Tier, manchmal auch eine Pflanze oder ein anderer Gegenstand.

Die Indianer bestatteten ihre Toten auf Bäumen oder hohen Gerüsten, damit sie vor wilden Tieren sicher waren. Die Seelen der Toten wurden verehrt, gefeiert und bei Problemen sogar um Rat gefragt.

Wie verständigten sich die Indianer?

Die Indianer verständigten sich nicht nur durch Sprache und Schrift. Mit Rauchsignalen konnten sich die Indianer über weite Entfernungen hinweg Nachrichten zukommen lassen, ganz ohne Telefon. Zudem hatten sie eine Körpersprache, die aus Zeichen und Gebärden besteht, und eine Bilderschrift.

Auf einem Felsen entzünden die Indianer ein Feuer und bedecken es mit feuchtem Gras. Dann ziehen sie über den Rauch in einem bestimmten Rhythmus eine Decke.

Was bedeuteten die Zeichen der Indianer?

Bilder waren den Indianern wichtiger als alle Schriftzeichen. Mit Gesichtsbemalungen und der Bilderschrift wurden ganze Geschichten erzählt. So konnten sich die Indianer, die verschiedenen Stämmen angehörten und eine unterschiedliche Sprache hatten, ohne Probleme miteinander verständigen.

Siegreich ins Lager heimkehrender Krieger

Tod (oder: hat einen Feind getötet)

Bitte um fruchtbaren Regen

ich

sprechen

Essen (Hunger)

Freund

zusammentreffen

viele

Wie lebten die Indianer?

Sehr wichtig waren für die Indianer Sport und Spiele, denn so hielten sie sich auch in Friedenszeiten fit und kampfbereit. Da gab es wilde Pferderennen, Wettläufe, Ballspiele, Weitwerfen und Bogenschießen.

Die erfahrensten Männer eines Stammes trafen im Stammesrat die wichtigen Entscheidungen für die ganze Gemeinschaft. Der Stammesrat war eine Art Regierung und wählte auch den Häuptling.

Die Indianerfrauen, die Squaws (sprich: Skwos), kümmerten sich vor allem um Essen und Kleidung. Sie bearbeiteten Büffelhäute, trockneten Fleisch und webten Decken.

Ohne Muscheln kein Geschäft

Die Indianer brauchten kein Geld, denn sie wickelten die meisten Geschäfte im Tauschhandel ab. Wenn ein Indianer etwa ein Pferd kaufen wollte, bezahlte er mit Fellen, Getreide oder Fleisch. Sehr begehrt bei den weißen Händlern waren Biberfelle. Es gab aber auch einige Stämme, die statt Geld bunte Perlen und Muscheln benutzten.

Wie wurden kleine Indianer groß?

Die Indianerjungen verbrachten den Tag mit Wettläufen und Herumtoben oder übten sich im Bogenschießen. Sie bereiteten sich auf den großen Tag vor, an dem sie der Vater zum ersten Mal mit auf die Jagd nahm.

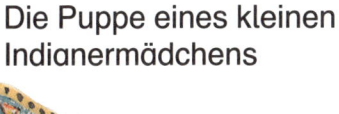

Wie lebten die Indianermädchen?

Die kleinen Indianermädchen blieben im Dorf bei den anderen Frauen. Unter den Augen der Mütter und Großmütter spielten sie mit selbst genähten Puppen und lernten schon früh, sich im häuslichen Leben nützlich zu machen. Die Indianermütter erzogen die Mädchen, die Väter ihre Söhne.

Die Puppe eines kleinen Indianermädchens

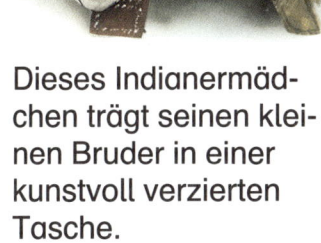

Dieses Indianermädchen trägt seinen kleinen Bruder in einer kunstvoll verzierten Tasche.

Wie lernten Indianerkinder?

Ein Kind zu schlagen war für die Indianer undenkbar. Sie verzichteten sogar auf jedes harte Wort. Die kleinen Indianer lernten neue Sachen wie etwa das Reiten, indem sie beobachteten, zuhörten, ausprobierten und mitmachten.

Wie wohnten die Indianer?

Die Prärieindianer waren viel unterwegs. Deshalb brauchten sie Behausungen, die schnell auf- und abzubauen waren und sich leicht transportieren ließen. Diese Zelte heißen Tipis.

Zusammengenähte Büffelhäute

Dreibeingestell

Rauchklappe

Verschlusspflöcke

Tipis sind kegelförmige Zelte aus Stangen und Büffelhäuten. Sie haben oben eine Öffnung, aus der Rauch abziehen kann. Im Sommer werden einfach die Seitenwände hochgerollt.

Wigwam

Die Navajos im Südwesten Nordamerikas wohnten im Hogan, einem mit Lehm bedeckten Kuppelbau aus Weidengeflecht.

Hogan

Die nordamerikanischen Waldindianer wohnten in Rundhütten. Diese Wigwams bestanden aus Stangengerüsten, die mit Rinden und Matten bedeckt wurden.

Wie kleideten sich die Indianer?

Die Kleidung der Indianer war von Stamm zu Stamm verschieden. Eines aber war bei allen gleich: Zu festlichen Anlässen präsentierten sie ihre kostbarsten Gewänder, die oft reich bestickt waren.

Wie sah die Alltagskleidung aus?

Sie bestand vollkommen aus Leder. Über einen Lendenschurz zog der Indianer ein Jagdhemd an und schützte sich mit einem Büffelmantel vor der Kälte. Weiche, bestickte Mokassins umhüllten seine Füße. Die Frauen trugen lange Kleider und Leggins, das waren Hosenbeine, die am Gürtel angeschnürt waren.

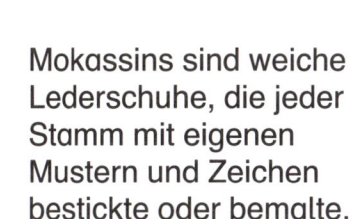

Mokassins sind weiche Lederschuhe, die jeder Stamm mit eigenen Mustern und Zeichen bestickte oder bemalte.

Warum bemalten Indianer die Haut?

Die Wüstenindianer schützten sich durch das Bemalen ihrer Haut vor der Sonne. Auch hielt der Duft der Farben die lästigen Fliegen ab. An der Gesichtsbemalung konnte man außerdem erkennen, zu welchem Stamm ein Indianer gehörte und welche Taten er vollbracht hatte.

Der Lendenschurz war das wichtigste Alltagskleid. Dazu wurde ein Tuch zwischen die Beine und den Gürtel geschlungen.

Wofür brauchten die Indianer den Büffel?

Für die Indianer war der Büffel die Lebensgrundlage. Sein Fleisch, ob gekocht, geröstet oder gedörrt, diente ihnen als wichtigstes Nahrungsmittel. Der Büffel lieferte aber auch noch andere nützliche Dinge, wie zum Beispiel Kleidung und Werkzeuge. Selbst die Blase des Tieres wurde gesäubert, präpariert und dann als eine Art Kochtopf benutzt.

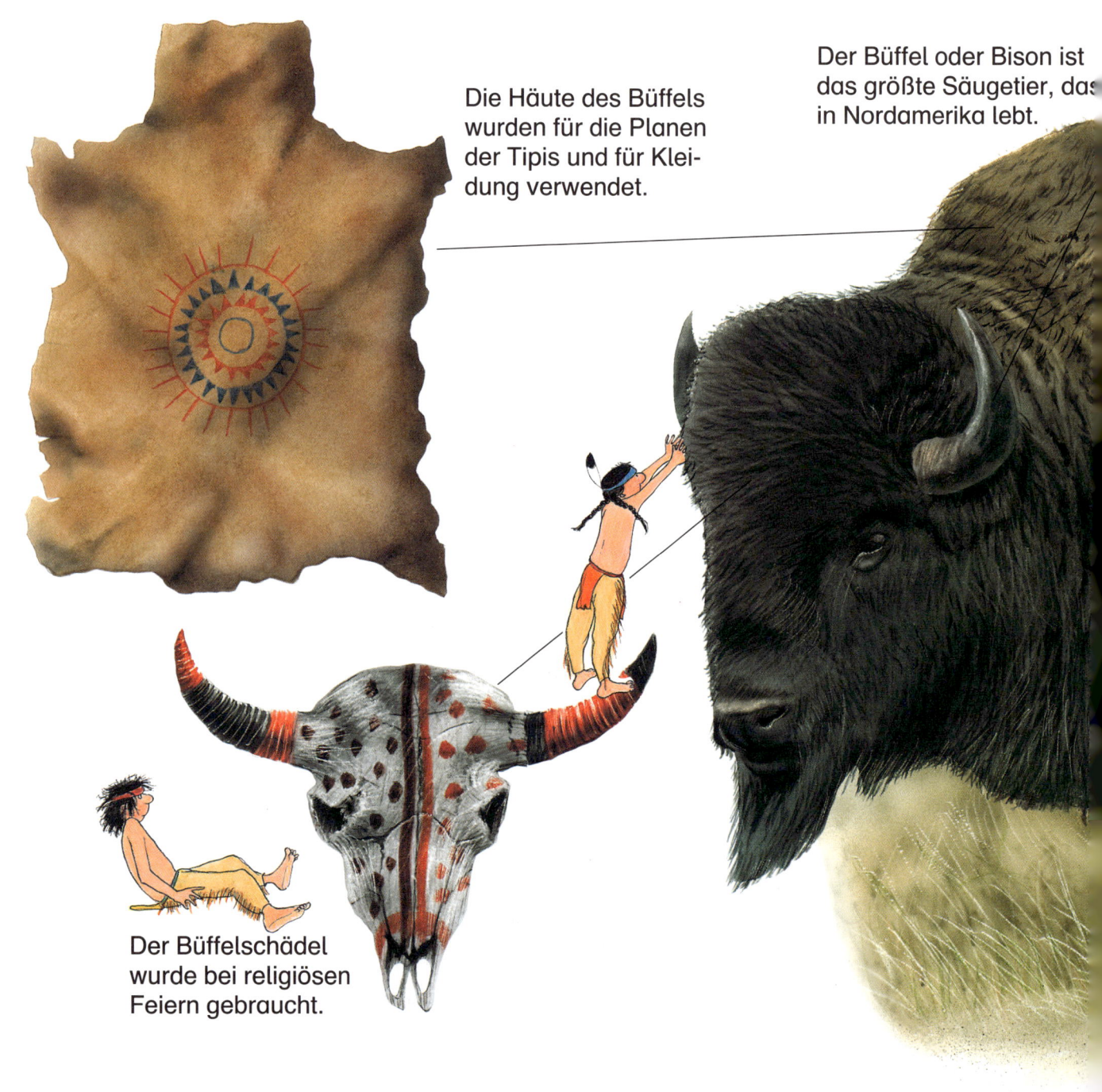

Die Häute des Büffels wurden für die Planen der Tipis und für Kleidung verwendet.

Der Büffel oder Bison ist das größte Säugetier, das in Nordamerika lebt.

Der Büffelschädel wurde bei religiösen Feiern gebraucht.

Pulverhorn

Hornlöffel

Wasserbeutel wurden aus Magen- oder Blasenhaut des Büffels hergestellt.

Eine Proviant- und Satteltasche aus Rohleder

Leggins (Beinkleider) aus Rohleder

Ein Schabwerkzeug aus Knochen

Das „Brot" der Indianer

Mit entscheidend für die Niederlage der Indianer war die fast völlige Ausrottung ihres Hauptnahrungsmittels, des Büffels. Der Büffel wurde von den vordringenden weißen Siedlern nicht nur wegen seines Fleisches und Felles gejagt. Die Bisonjagd wurde vielmehr als „Sport" betrieben. Der Eisenbahnbau beschleunigte dann das Aussterben dieser Tiere, denn zur Ernährung der Bahnarbeiter wurden Tausende von Büffeln erlegt.

Welche Berufe hatten die Indianer?

Das richtete sich vor allem nach der Landschaft und dem Klima, in dem sie lebten. Die Prärieindianer auf den flachen Weideländern im Herzen Nordamerikas lebten von der Jagd. Deshalb folgten die Cheyenne und die Sioux den riesigen Büffelherden durch das Land, sie jagten aber auch Bären, Antilopen und Hirsche.

Wer betrieb Ackerbau?

Im Südwesten des nordamerikanischen Kontinents lebten die Pueblo-Indianer als Bauern. Sie bewässerten den dürren Boden und pflanzten Mais, Tabak, Bohnen und Kürbisse an. Außerdem hielten sie Ziegen und Schafe.

Wovon lebten die Indianer an der Pazifikküste?

Die Indianer an der feuchten Pazifikküste wie z. B. die Nootka oder Makah lebten vom Fischfang. Sie fischten im Meer, aber auch in Flüssen und Seen und machten Jagd auf Seehunde und Seelöwen, ja sogar auf Wale.

Wann gingen die Indianer auf Kriegspfad?

Es gab viele Gründe für die Indianer, in den Kampf zu ziehen oder, wie sie es nannten, auf den Kriegspfad zu gehen. So mussten sie sich verteidigen, wenn andere Stämme die Grenzen ihres Gebiets verletzten oder wenn ihre Pferde gestohlen wurden. In seinem Stamm war ein ruhmreicher Krieger ein hoch angesehener Mann.

Bevor die Indianer in den Kampf zogen, stimmten sie sich mit Kriegstänzen darauf ein. Der Tanz hatte eine sehr wichtige, religiöse Bedeutung. Durch den beschwörenden Tanz, so glaubte man, wurde Kontakt zu den „Geistern" aufgenommen.

Das Vordringen der weißen Siedler in die von Indianern bewohnten Gebiete stieß von Anfang an auf Widerstand. Über lange Zeit lieferten sich die Indianer mit den Siedlern und Soldaten der Regierungsarmee viele erbitterte Schlachten.

Was waren die Waffen der Indianer?

Die Bewaffnung der Indianer bestand zumeist aus Speer, Pfeil und Bogen sowie einem Wurfbeil, dem Tomahawk, und einem Messer. Das Material dieser Waffen war meistens Holz. Es gab aber auch, wie bei den Sioux, Bögen aus Büffelhorn. Pfeil- und Speerspitzen bestanden zunächst aus Stein oder Knochen, später dann aus Eisen.

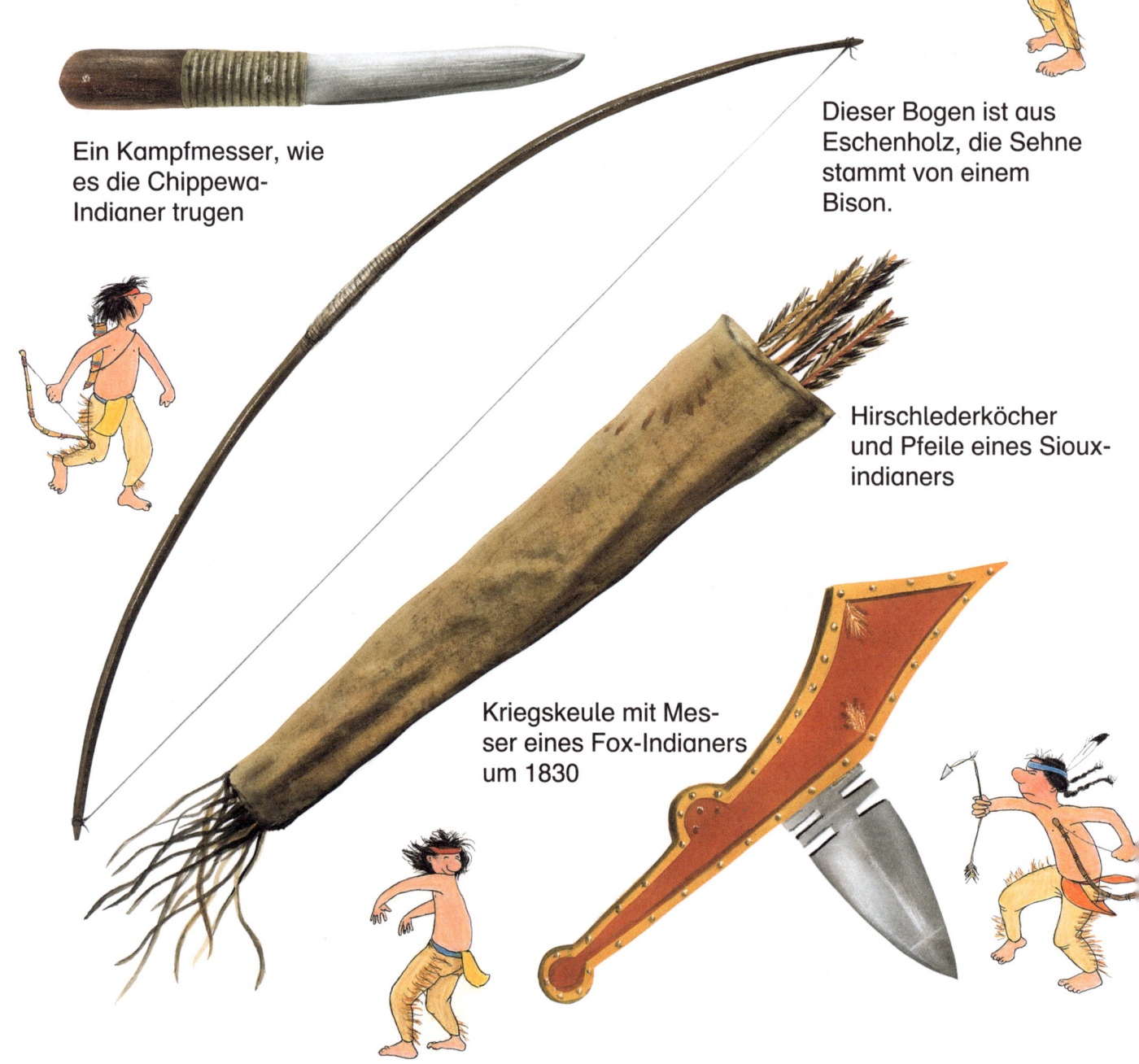

Ein Kampfmesser, wie es die Chippewa-Indianer trugen

Dieser Bogen ist aus Eschenholz, die Sehne stammt von einem Bison.

Hirschlederköcher und Pfeile eines Siouxindianers

Kriegskeule mit Messer eines Fox-Indianers um 1830

Hatten die Indianer Gewehre?

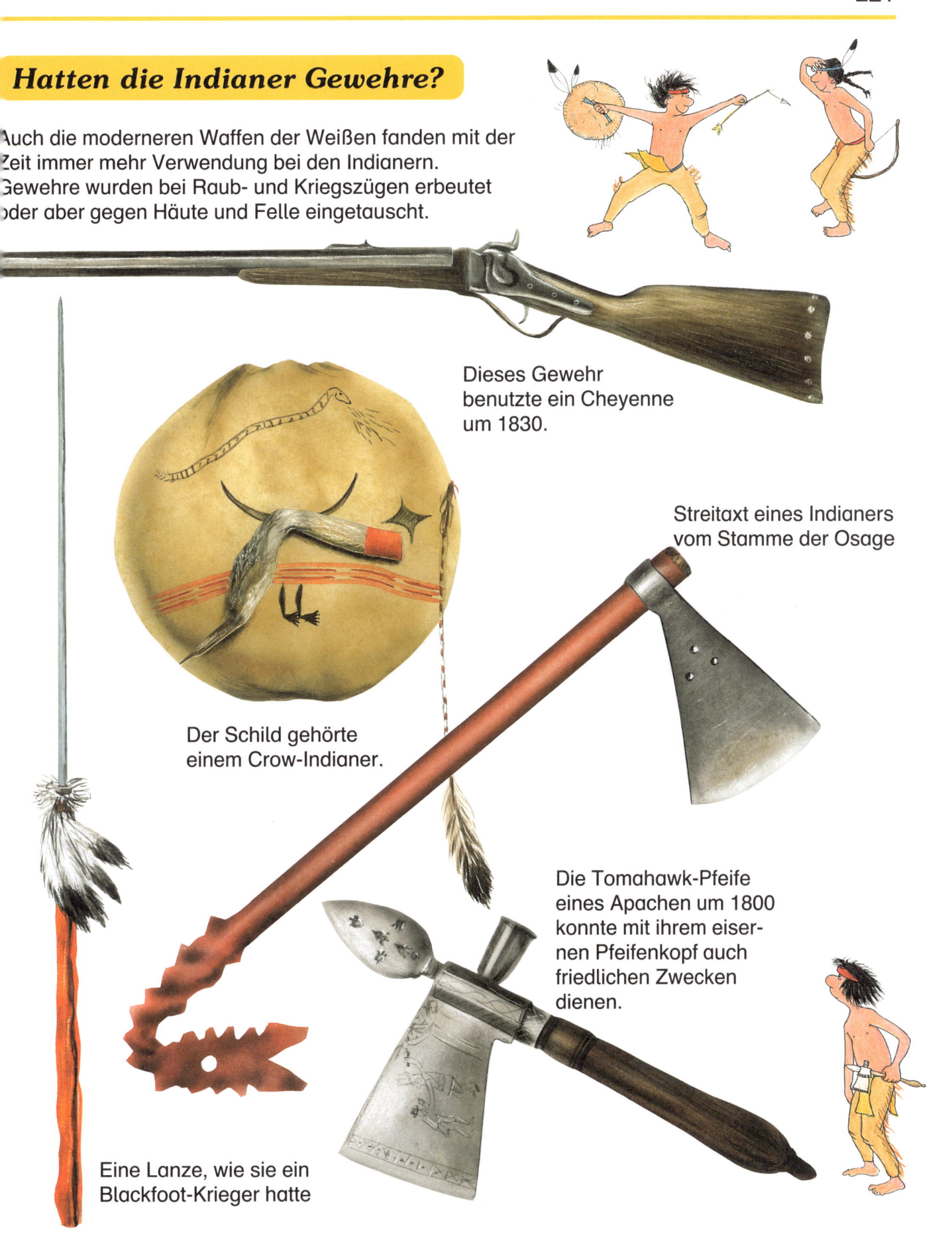

Auch die moderneren Waffen der Weißen fanden mit der Zeit immer mehr Verwendung bei den Indianern. Gewehre wurden bei Raub- und Kriegszügen erbeutet oder aber gegen Häute und Felle eingetauscht.

Dieses Gewehr benutzte ein Cheyenne um 1830.

Streitaxt eines Indianers vom Stamme der Osage

Der Schild gehörte einem Crow-Indianer.

Die Tomahawk-Pfeife eines Apachen um 1800 konnte mit ihrem eisernen Pfeifenkopf auch friedlichen Zwecken dienen.

Eine Lanze, wie sie ein Blackfoot-Krieger hatte

Wie jagten die Indianer?

Während die Prärieindianer Büffel jagten, machten die Indianer im Norden Jagd auf Rotwild, Elche, Bären und Biber. Alle Indianer hatten großen Respekt vor der Natur; sie töteten nie mehr Tiere, als sie zum Leben brauchten.

Ein mit Hirschgeweih und -fell getarnter Indianer schleicht sich unbemerkt an die äsenden Tiere an.

In ihrem Kanu bringen Indianer Biberfelle ins Lager. Biberfelle waren bei den weißen Händlern sehr begehrt und wurden von den Indianern gegen Produkte der modernen Zivilisation wie z. B. Eisen oder Gewehre eingetauscht.

Stolz hält dieser Jäger seinen mächtigen Jagdfreund, einen Adler.

Mit Adlerfedern wurden alle heiligen Symbole der Indianer geschmückt.

Wer wurde Indianerhäuptling?

Häuptlinge hatten hohes Ansehen und mussten tapfer, klug, energisch, vertrauenswürdig, besonnen, wohlhabend und redegewandt sein. Sie waren weniger der Chef, sondern eher ein Ratgeber ihres Stammes. Es gab auch Stämme, bei denen Frauen zu Häuptlingen gewählt wurden.

Sitting Bull (zu deutsch: Sitzender Stier, 1831–1890) war ein weiser Häuptling der Sioux. 1876 war er der Anführer der vereinigten Sioux-Stämme, die in der berühmten Schlacht am Little Bighorn den weißen Soldaten eine vernichtende Niederlage beibrachten. 1890 wurde er ermordet.

Indianer machen eine Zeitung

Sequoyah (1760–1843) war ein Häuptling der Cherokesen. Er erfand ein neues Alphabet, aus dem die Cherokesen-Indianer eine eigene Schrift und eine Grammatik entwickelten. 1821 wurde sogar erstmals eine Zeitung, „der Cherokee Phoenix", in dieser Schrift herausgebracht.

Geronimo (1829–1909), der berühmte Häuptling der Apachen, verteidigte sich mit seinem Stamm bis zuletzt gegen die Weißen.

Red Cloud (1822–1909), Häuptling der Oglalla-Sioux. Ihm gelang es in Pressekonferenzen, in denen er zum amerikanischen Präsidenten Grant sprach, die Sympathie der weißen Amerikaner für sich und sein Volk zu gewinnen.

Was für Kunst gab es bei den Indianern?

Obwohl die meisten der über 600 Indianersprachen kein Wort für Kunst hatten, ist die indianische Kultur berühmt für ihre Kunstwerke und ihr Kunsthandwerk. Indianische Künstler erstellten kunstvolle Gegenstände in der Töpferei, der Weberei, bei Schmucksachen und der Malerei.

Vom Krieger zum Kunsthändler

Der Verkauf von indianischer Kunst ist heute für viele Indianer eine wichtige Einnahmequelle. Gerade das Leben in den Reservaten, die oft in unfruchtbaren Gegenden eingerichtet wurden, ist nicht leicht. Um ihren Lebensunterhalt zu verdienen, sind die Indianer darauf angewiesen, selbst angefertigte Schmuckstücke, Webereien, Bilder oder Töpferwaren an Touristen zu verkaufen.

Eine Holzflöte der Sioux

Ein Pueblo-Indianer malt ein Sandbild. Solche Malereien hatten religiöse Bedeutung, sie dienten also der Götterverehrung. Alle diese Bilder wurden aus den fünf heiligen Farben Schwarz, Weiß, Rot, Gelb und Blau hergestellt.

Von den Pueblo-Indianern übernahm der benachbarte Stamm der Navajos die Kunst des Webens. Die Navajos waren außerdem kunstvolle Silberschmiede und Töpfer. Besonders schöne Schmuckstücke wie diesen Armreif stellten sie aus Silber und dem Edelstein Türkis her.

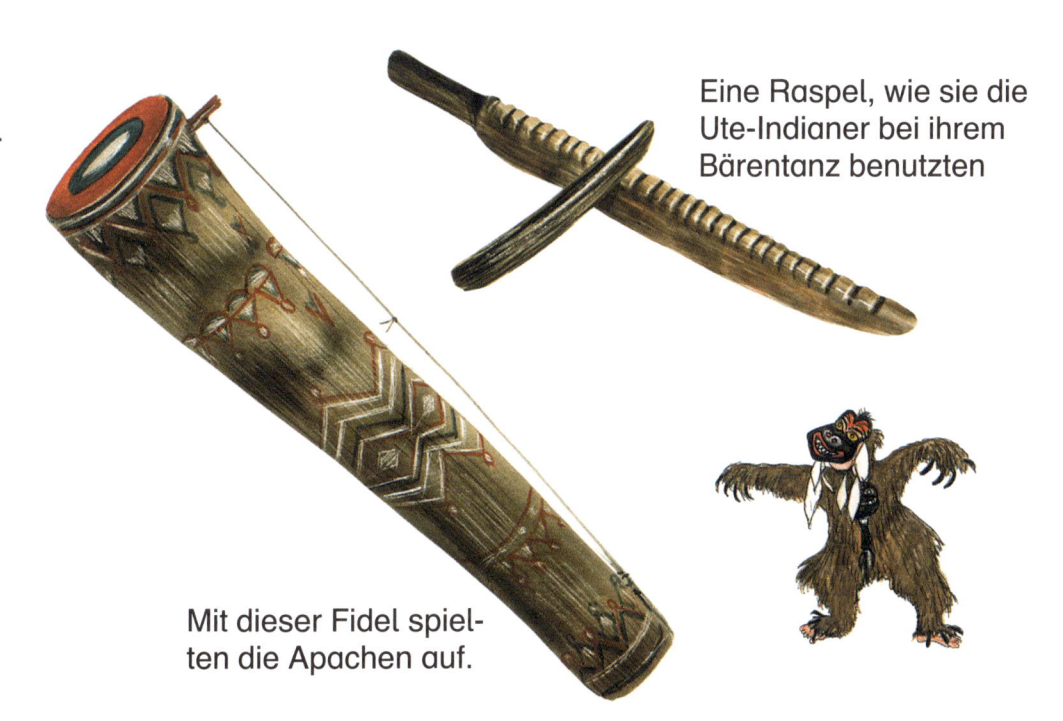

Eine Raspel, wie sie die Ute-Indianer bei ihrem Bärentanz benutzten

Mit dieser Fidel spielten die Apachen auf.

Warum zogen Indianer durch die Prärie?

Die Prärieindianer waren sehr oft auf Wanderschaft, weil sie den umherziehenden Büffelherden folgen mussten. Die großen Indianerstämme waren unterteilt in zahlreiche Unterstämme, die über das weite Land verstreut lebten. Im frühen Sommer trafen sich aber alle Stämme, um Rat abzuhalten. Im Winter verlegten die Indianer ihr Camp meistens in wärmere Regionen.

Crow-Indianer verlegen ihr Lager in südlichere Regionen, wo es im Winter wärmer ist.

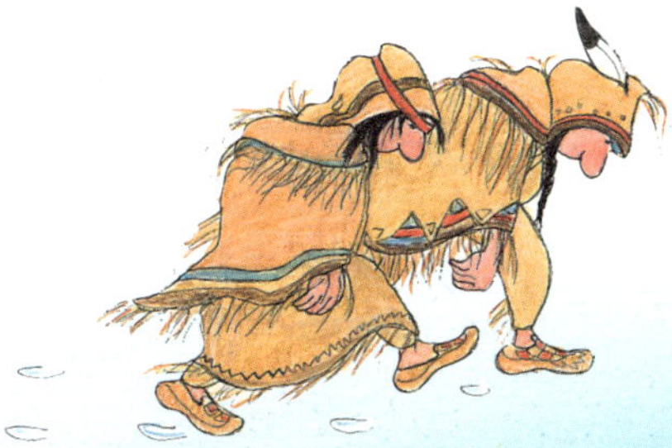

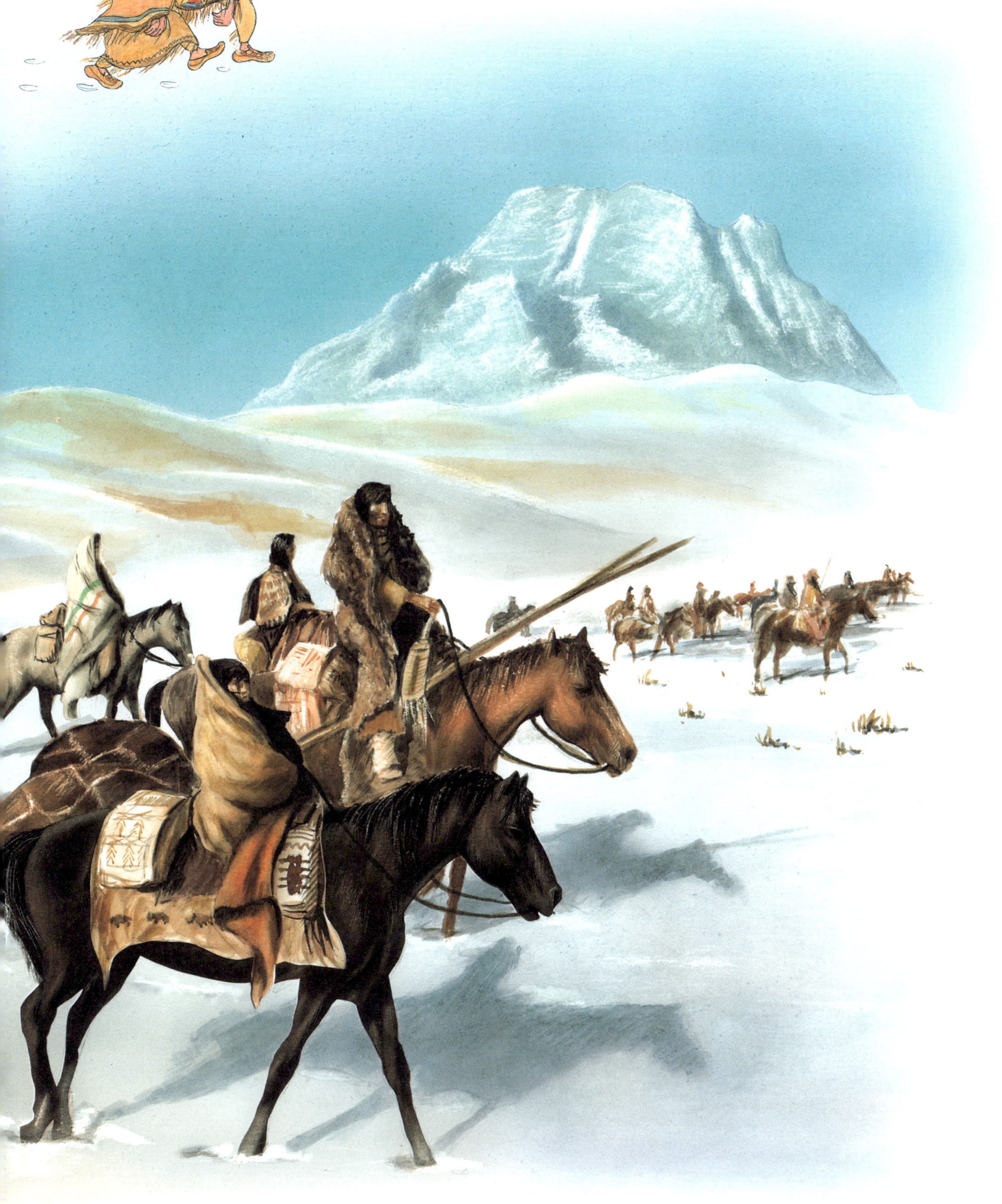

Welche Transportmittel hatten die Indianer?

Die Beförderung von Lasten auf dem Land war für die Indianer ein großes Problem. Denn erst mit den Weißen kamen Pferde und Esel nach Amerika. Bis dahin waren Hunde die einzigen Haustiere. Sie wurden als Wachhunde eingesetzt und dienten auch als Zugtiere.

Der Indianer ist mit seinem Travois reisebereit.

Was ist ein Travois?

Ein Travois (sprich: Travoa) ist eine Trage, die aus den Stangen eines Tipis besteht. Diese Zeltstangen werden mit breiten Bändern verknotet, die aus Büffelleder geschnitten sind. Vor allem die Indianerfrauen verstanden sich darauf, solche Schleppgestelle herzustellen.

Das Tipi wurde nach einem genauen Muster zusammengefaltet (siehe Abbildung 1–6) und dann auf den Packsattel, das Travois, geschnürt.

„Heilige Hunde" in der Prärie

Im Laufe des 17. Jahrhunderts fingen Comanchen und benachbarte Prärieindianer verwilderte Pferde ein, die aus spanischen Siedlungen ausgerissen waren. Die Pferde wurden dressiert und durch Zucht weiterentwickelt. Im 18. Jahrhundert war der Mustang bereits bei allen Präriestämmen verbreitet. Er wurde von den Indianern „Heiliger Hund" genannt, was darauf hinweist, welch große Bedeutung das neue Haustier im Leben der Indianer einnahm. Das Pferd ermöglichte den Prärieindianern eine völlig neue Lebensweise: Man war viel beweglicher und schneller. Raubzüge und Überfälle auf Nachbarstämme wurden nun häufiger unternommen.

Für den Transport auf dem Wasser hatten die Indianer verschiedene Bootstypen. So hatten die Prärieindianer sogenannte Bull-Boote; das waren Korbgestelle, die mit Büffelhaut umspannt waren.

Ein anderer Bootstyp bei den Indianern war das Kanu, das aus Holz und Birkenrinde bestand.

Prüfe Dein Wissen!

Zu den Bildern auf dieser Seite wird dir jeweils eine Frage gestellt. Wenn dir die Antwort nicht einfällt, dann schlag im Buch einfach die abgebildete Illustration auf.

Was hat er auf dem Kopf?

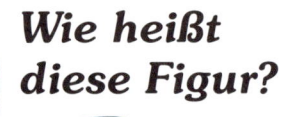

Wie heißen diese Schuhe?

Woraus ist dieser Gegenstand?

Wie heißt diese Figur?

Woraus ist diese Tasche gemacht?

Woraus besteht dieses Boot?

Was macht man mit diesem Gerät?

Was bedeutet diese Bemalung?

Wie heißt dieser Mann?

Was bedeutet dieses Zeichen?

Was ist das für ein Gegenstand?

Wem gehört die Puppe?

Register

Ackerbau 217
Algonkin 201
Amerika 198 f.
Antilope 216
Apachen 199, 200 f., 225, 227
Arapahoe 201
Arizona 200
Asien 199
Azteken 199
Ballspiel 206
Bär 216, 222
Biber 222
Biberfell 107, 223
Bilderschrift 204 f.
Blackfeet 199, 201
Bogen 220
Bogenschießen 206
Bohnen 217
Büffel 201, 214, 222
Büffelhäute 207
Büffelherde 216
Bull-Boote 231
Cherokesen 201, 225
Cheyenne 199, 201, 216
Chickasaw 201
Chippewa 201
Comanchen 199, 201, 231
Cree 199, 201
Crow-Indianer 201, 228
Delaware 201
Eisen 220, 223
Eisenbahnbau 214
Elch 222
Esel 230
Fischfang 217
Florida 200 f.
Fox 201
Geld 207
Geronimo 225
Gesichtsbemalung 205, 213
Gewehr 221, 223
Grant 225
Häuptling 207, 224 f.
heilige Farbe 227
Hirsch 216
Hogan 211
Hopi 201
Hornlöffel 215
Hund 230 f.
Huronen 201
Indianerkinder 208 f.
Indianerstämme 201

Indien 198
Irokesen 199, 201
Jagd 222 f.
Jagdhemd 213
Kanu 223, 231
Kiowa 201
Kleidung 212 f., 214
Klima 216
Kolumbus, Christoph 198, 201
Körpersprache 204
Krieger 218
Kriegspfad 218
Kriegstanz 219
Kunsthandwerk 226 f.
Küstenindianer 199, 203
Leggins 213, 215
Lendenschurz 213
Little Bighorn 225
Mais 217
Makah 217
Malerei 226
Mandan 201
Manitu 202
Maya-Indianer 199
Medizinmann 203
Mohikaner 201
Mokassins 213
Muscheln 207
Navajo 199, 201, 211, 227
Nez Percé 201
Nootka 201, 217
Oglalla-Sioux 225
Osage 201
Osceola 201
Paiute 201
Pawnee 201
Perlen 207
Pfeil 220
Pferd 230 f.
Pferderennen 206
Powhatan 201
Prärieindianer 199, 201, 210, 216, 222, 228, 231
Pueblo-Indianer 199, 217, 227
Pulverhorn 215
Rauchsignal 204
Red Cloud 225
Reservat 201, 227
Rotwild 222 f.
Sandbild 227
Sauk 201
Schaf 217

Schoschonen 199, 201
Seehund 217
Seelöwe 217
Seminolen 200 f.
Sequoyah, 225
Shawnee 199, 201
Sioux 199, 201, 216, 220
Sitting Bull 225
Soldaten 219
Speer 220
Sprache 204 f.
Squaw 207
Stammesrat 207
Tabak 217
Tauschhandel 207
Tipi 210 f., 214, 231
Tomahawk 220
Töpferei 226 f.
Totem 203
Totempfahl 203
Travois 230 f.
Ute-Indianer 201, 227
Waffen 220 f.
Wal 217
Waldindianer 211
Weberei 226 f.
Werkzeug 214
Wichita 201
Wigwam 211
Wüstenindianer 213
Ziege 217

Editorische Notiz

Autos: Texte von Margot Hellmiß
Redaktionelle Mitarbeit von Falk Scheithauer
Illustrationen und Vignetten von Andreas Piel

Die Feuerwehr: Texte, Illustrationen und Vignetten von Andreas Piel

Die Polizei: Texte, Illustrationen und Vignetten von Andreas Piel

Die Ritter: Texte von Marilis Lunkenbein
Illustrationen von Andreas Piel
Vignetten von Angelika Stubner

Die Piraten: Texte und Illustrationen von Andreas Piel
Vignetten von Angelika Stubner

Die Indianer: Texte von Marilis Lunkenbein
Illustrationen von Andreas Piel
Vignetten von Angelika Stubner

So entdecken Kinder die Welt ...

ISBN: 3-8112-2299-6

Je 240 Seiten, durchgehend farbig illustriert,
Format: 19,7 x 26,6 cm

ISBN: 3-8112-2300-3

Noch mehr Lesespaß, der schlau macht!

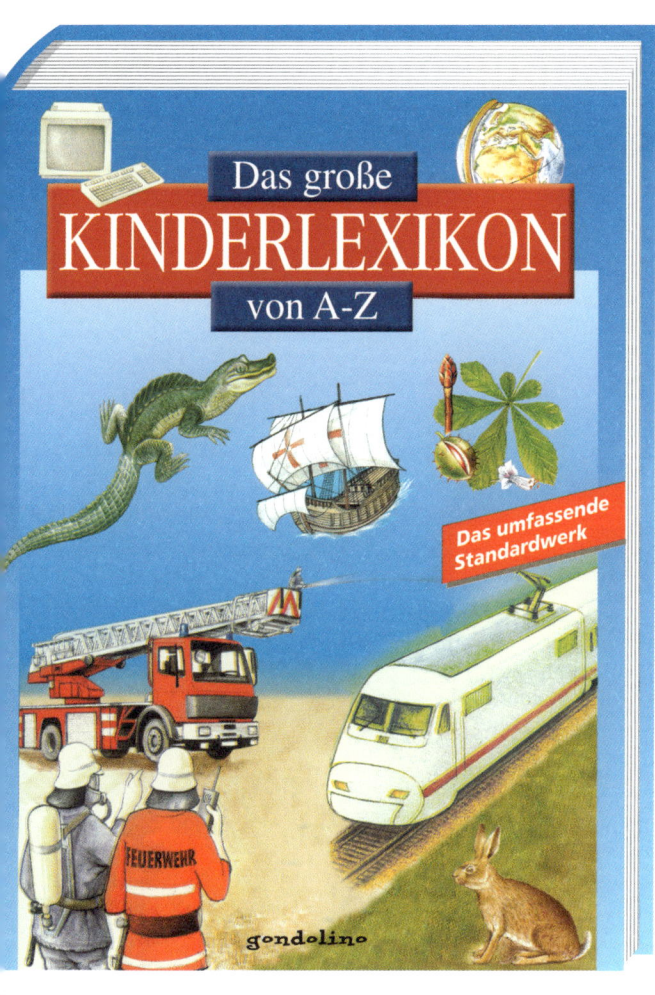

SBN: 3-8112-2301-1

e 240 Seiten, durchgehend farbig illustriert,
ormat: 19,7 x 26,6 cm

ISBN: 3-8112-2302-X